福克纳传

盖威◎著

时代文艺出版社

图书在版编目（CIP）数据

福克纳传 / 盖威著. —2版. —长春：时代文艺出版社，2016.4（2021.5重印）

ISBN 978-7-5387-5112-3

Ⅰ.①福… Ⅱ.①盖… Ⅲ.①福克纳，F.W.（1897～1962）－传记 Ⅳ.①K837.125.6

中国版本图书馆CIP数据核字（2016）第001666号

出 品 人　陈　琛
责任编辑　余嘉莹
装帧设计　孙　利
排版制作　隋淑凤

福克纳传

盖威 著

出版发行 / 时代文艺出版社

地址 / 长春市福祉大路5788号　龙腾国际大厦A座15层　邮编 / 130118

总编办 / 0431-81629751　发行部 / 0431-81629755

官方微博 / weibo.com / tlapress　天猫旗舰店 / sdwycbsgf.tmall.com

印刷 / 保定市铭泰达印刷有限公司

开本 / 710mm×1000mm　1 / 16　字数 / 150千字　印张 / 12

版次 / 2016年4月第2版　印次 / 2021年5月第2次印刷　定价 / 39.80元

授奖辞

Award-winning Remarks

他为当代美国小说做出了强有力的和艺术上无与伦比的贡献。

——诺贝尔奖委员会

目录

　　威廉·福克纳是20世纪世界文坛的奇才，被认为是继乔伊斯之后最突出的现代派小说家之一。1949年，他因创作了《喧嚣与骚动》等不朽名著而获诺贝尔文学奖。在长达40年的文学生涯中，他一共写出了19部长篇小说、75部短篇小说，以及许多诗歌和散文。1928—1942年是福克纳创作最旺盛的时期，是一个被他称为"无可匹敌的时代"。这一时期，他每年至少出版一本到两本书，而且他大部分的经典作品——《喧嚣与骚动》、《八月之光》、《押沙龙！押沙龙！》、《我弥留之际》、《去吧，摩西》等都是在这时期创作的。无论是从福克纳表现美国南方历史现实、探索人类命运的深刻思想性来看，还是从他运用自如的意识流，多角度叙述等艺术技巧来看，福克纳无疑是20世纪文学史上不可多得的大家。

　　本书记叙的重点是福克纳的一生的生活轨迹，包括他的学业、家庭、婚姻、游历等等，福克纳的文学创作也作为他生活的一部分进行了介绍。除此之外，对他的某些重要作品也进行了一些粗浅的探讨，以期让读者更加深入了解作为一位作家、艺术家的福克纳。

　　福克纳身材矮小，这使他几乎终身陷入自卑之中。但是同时，他聪明的头脑和极高的天分又让他毫不讳言自己是个天才。有时候他是个矛盾的结合体，他依恋家乡和家庭，但又不愿意长时间在一个地方安分地生活和工作。当他终于挣脱桎梏远走高飞，种种不习惯却使他无比思念家乡。在艺术创作方面，他走的路可谓崎岖不平，初入文坛，他忍受着默默无闻带来的痛苦，好在幸运之神让他遇到了几个肯帮助他的良师益友。稍微有点名气时，他又遭遇了无数个无情的退稿，使得他不得不借钱度日。福克纳确有可爱之处，但却时而冷漠、毫不体恤别人；他仁慈善感，但有时却残酷无情。他既有极高的创造力，又有极强的破坏力。

　　他在读的故事中和学到的举止行为中，发现各种各样足以拒人于千里之外的伪装、角色和面具。最后，紧迫感使他行事更加谨慎。从20多岁到40岁出头，他觉得自己"是要干一番大事的"。即使能力日渐减退以后，他还认为自己必须继续做一个"干事业的人"，因而深感苦恼。然而，他的事业都是独自一人干的。他和别人在一起时，也往往是玩儿，有时为了休息，有时为了"使人们相信他的故事"，但无不为了保护自己的写作风格大胆而富有冒险精神，有时候坚决不听别人善意的劝告而大胆揭露种族问题。他的某些小说充满了别扭的开端及不和谐的结尾，但却很意外地能够让读者接受这些开端、结尾而不嫌弃。

　　福克纳尽管有很多缺点，但是他终究取得了令人瞩目的成就，某些闪光之处更是汇集于一身而让人肃然起敬。希望读者们在阅读这部传记的时候能够全面地了解福克纳，并且爱惜和体谅他。

第一章　少年时代

1. 逝去的偶像

　　威廉·福克纳全名是威廉·卡斯伯特·福克纳，他于1897年9月25日出生于美国南方密西西比州的新奥尔巴尼。他的这个名字是由其祖父约翰·韦斯利·汤普森·福克纳取的，其中的"威廉"是为了纪念他们家族中的著名人物——福克纳的曾祖父威廉·克拉克·福克纳上校而定下的。

　　威廉·克拉克·福克纳在当地是个大名鼎鼎的人物，他被人们亲切地称为"老上校"。"老上校"具有多种身份：既是种植园主，又是军人、作家、政治家，还是经营铁路的企业家。从这方面来说，他确实是个具有多方面才能并与众不同的人。"老上校"的一生囊括了南方三大传奇：有关家庭出身和个人风采的骑士传奇；有关内战前"黄金时代"的种植园传奇；有关战后从北方撤到南方的投机政客的议院席位的拯救者传奇。

　　"老上校"是在美国南北战争中脱颖而出的，因为他作战英勇，战功卓著，所以成了身佩勋章的战争英雄，博得了"黑羽爵士"的称号，深受一些南方将领的赞许。在马纳萨斯，"老上校"率领最早成立的"木兰花步枪团"的士兵走向光辉的胜利。

　　后来，士兵们因反对他而推选约翰·斯通为团长（原因不明，好像是由于"老上校"过分"严厉"、"残忍"、"鲁莽"）。

　　"老上校"为了补救这一事件，成立了第二个团——"游击巡逻队"，继续作战。

在南北战争的最后几年，"老上校"靠偷越封锁线发了大财。战争结束后，他用这些钱修筑了一条当地唯一的铁路，还写了几部小说，这一切为他赢得了日后鹊起的良好声誉。

但是，"老上校"的人生结局不可谓不悲惨：他死于一个原先的商业合伙人理查德·瑟蒙德的枪下，横尸在一个叫里普利的小镇的街头。虽然人已逝去，但里普利仍然留存着与他有关的标志：他那装饰得十分华丽的宅邸还在那儿；他的坟头仍然矗立着一座8米高的意大利大理石雕像；他修的铁路仍然是那里唯一的铁路。

威廉·克拉克·福克纳死去多年以后，跟随过他的仆人对人谈起他时，仍然称他为"老东家"。跟他们一家人和邻居一样，仆人们都管"老上校"的儿子（也就是福克纳的祖父）约翰·韦斯利·汤普森·福克纳叫"小上校"或干脆叫"上校"——尽管他们都知道，他从没打过仗，他的光荣和称号都是继承来的。

"老上校"支配着整个家族的想象力，福克纳的姑奶奶们主持着所有讲述"老上校"传奇故事的仪式。他们一家还为南北战争期间"老上校"麾下的"游击巡逻队"中生还而且健在的成员举办聚会。会上，大家总要把有关"老上校"的传奇故事喋喋不休地讲了又讲。

由于"老上校"的影响，福克纳在很小的时候就把他当作自己的偶像，继承了曾祖父热爱文学的传统。早在9岁的时候，福克纳就说："我要像曾祖父那样当个作家。"并且把这句话一再重复，最终变成了他的一句口头禅。福克纳第一部小说《坟墓里的旗帜》中的萨托利家族就是直接取材于"老上校"。

2. 性情相反的父母

福克纳的家族因为"老上校"而被认为是名门望族。但是，福克纳的父亲默里·福克纳却被普遍认为是一个不肖子孙，他的工作换了一个又一个，却永远找不到自己的安身立命之地。

对于家族经营的事业，默里唯独对海湾——芝加哥铁路公司感兴趣。他喜欢火车站。在那里，女人们来来往往、走走停停；男人们闲坐着聊天，一切看起来都那么和平安然。他从小就喜欢看火车轰隆隆地经过，喜欢听火车嘹亮悠长的汽笛声。长大以后，他对火车以及火车站的喜爱之情仍然有增无减。

默里在密西西比大学混了两年便退学了。离开学校后，默里就跑到铁路上当起了司炉，后来还当过火车司机和列车长。全家搬到新奥尔巴尼后，他参与管理了全线客运。到了里普利，他又干起了财务。几年之间，默里不停地换着工作，他太不安分了，有负于父亲对他殷切的期望。

促使默里做出改变的人，正是他那优秀超群的弟弟小约翰·韦斯利·汤普森·福克纳。弟弟同样在密西西比大学学习，但不同于哥哥的"不务正业"，弟弟成绩优秀，毕业后将要继承父亲的衣钵，进入法律、银行和政界。

弟弟的优秀激发了默里积极上进，为了超越优秀的弟弟而让父亲高兴，他尽力控制自己好动的天性。1896年成家后，默里开始计划安排未来。他开始把钱投资到有利可图并喜爱有加的铁路上。

不久之后，他积累的资产就可以买下里普利镇上一家杂货铺的一部分和镇西一所农场的全部了。默里的小小成就终于让父亲有所欣慰了。

默里身材高大、活泼好动，并且脾气暴躁。一次，默里和别人打架，差一点丢掉性命。活泼好动令他精力充沛，他常常去熟悉的森林或从未涉足的河床释放自己的精力，骑马、钓鱼、打猎等活动令他身心轻松愉快。因此，他一度觉得里普利确实是块风水宝地，既能让他取悦父亲，又可以让他轻松遨游在大自然中。

总而言之，默里·福克纳是一个生性不安分但又极易满足的人，他所获得的成就和财富，很大一部分是为了达成父亲的期望。当然，除了父亲的期望之外，还有妻子的期望。

默里的妻子莫德，父姓巴特勒，其早年的生活简直就是一场艰难的苦斗，因为父亲遗弃了她和母亲，分文没有留给她们。经过艰苦奋斗，莫德好不容易在一所小州立学院拿到了毕业证书。

莫德简直与默里完全不同：默里高大，莫德却瘦小；莫德宁愿躲在屋里读书、画画或者出门上教堂，也不愿意像默里那样漫游、骑马和打猎；莫德举止文雅，喜欢谈论书籍和美术，默里的语言行动却粗鄙不堪，心情烦躁时还要酗酒。

不同于默里的容易满足，莫德是一个野心勃勃的女人。她热切期望自己的丈夫能够飞黄腾达。对于这一点，默里心中也十分明白，因为正是他在铁路公司升职的一个月后，莫德才同意嫁给他。

尽管夫妻两人性情志趣相差甚远，但是他们之间的关系还并不是很紧张。婚后的最初几年，默里凭借着福克纳家族的门第声望而使夫妇二人受人瞩目，他在公司的职务和薪水也使小家庭生活富足兴旺，因而夫妻两人也相安无事地生活了几年。

自1896年11月结婚后到1901年9月，他们先后有了三个孩子：1897年9月，长子威廉出世；1899年6月，次子默里（小名杰克）出世；1901年9月，三子章西出世。

默里当上铁路公司的财务以后，夫妇俩开始期待不久后接替父亲，担任公司的总经理。不过，后来的事实证明，默里的父亲约翰·韦斯利·汤普森·福克纳并不像默里那样热爱铁路事业，自从"老上校"死后，他便把家族的注意力集中于银行、土地和政治。铁路对他而言是一个令人头痛的麻烦，虽然亲自经营令他生厌，他却无意移交给默里。一部分原因是，他对默里的能力信心有限；另一部分原因是，他需要资金来支撑别的企业。到1902年，默里的父亲宣布铁路公司将以7.5元出售。

默里因此经常在家里表现他的不满，人人都知道铁路几乎是他的"初恋"，他对铁路怀着"历久不衰的情感"。但是，他毕生克尽厥职、甘居人下的性格，让他在父亲面前不敢表现半点抱怨。

默里的父亲认为，默里应该搬到牛津去，在牛津有一幢被称作"大宅"的房子，正是福克纳家族名下的财产，而且在牛津，默里可以较为轻松地找到工作。默里骨子里不安分的情绪却促使他拒绝父亲的提议，起初他还想借钱买下父亲出卖的铁路，后来因为种种困难而不得不放弃。

在迷茫之际，他回想起曾经看到过的关于牛仔的长篇小说，那是他唯一爱看的书。于是，他决定搬到得克萨斯去当个牧场主。

但是，莫德对得克萨斯计划缺乏信心，并不看好，她坚决否定了默里的设想。

默里深深地失望了，可以说是一生当中最大的失望。先是父亲碾碎了他经营铁路的梦想，后是妻子碾碎了他作为牧场主的幻想。

他常常平白无故地大发雷霆。盛怒之中，他不禁想起没有到手的铁路，还想到想有而没能拥有的牧场。

从1897年9月到1901年9月，他和莫德已经有了三个儿子，而到1907年，他的第四个也是最后一个儿子迪安出生时，默里夫妻之间的矛盾已经很深了。

最后，他不得不打发家人乘火车向牛津而去。

3. 牛津的新家

威廉·福克纳快满5岁的一天傍晚，他们全家搬进了牛津一幢舒适的房子里。

牛津是拉斐特县政府所在地，是一座人口不满2000人的小镇，即便如此，它也比里普利大了好几倍，生活也比里普利更丰富精彩一些。密西西比大学也坐落在这里。

种族和阶级观念造成了人们不同的语言、风俗习惯、饮食和穿着。然而，尽管有着阶级的分界线和区别范围，牛津镇人还是相处得融洽和睦。福克纳一家人人自认为是贵族，有着可以表现得严厉、傲慢自大的资本，但是他们并不是瞧不起穷人的势利鬼，相反，他们一家人都喜欢和牛津各个阶层的人随意往来。

福克纳家北面相距几条马路的地方，小镇广场中心县政府周围的木板便道上点缀着各式店铺。每逢星期六，广场上是拍卖马匹和其他任意交易的场所。他家西面和南面，也只相距几条马路，有几处树林，福克纳家的男孩子都爱去树林里玩。

北边10到15英里，就在蒂帕河和塔拉哈奇河汇流的地方，福克纳家有着一幢宽畅的两室小木屋，叫作"家庭俱乐部会所"，他们躲在那儿捕捉浣熊、松鼠、狐狸和麋鹿。东边30英里是三角洲，层层梯地，猎物众多。另一名门斯通家族在那儿有一间狩猎小屋。往南几英里，有一条河，牛津镇的人管它叫约科纳河（在老一点的地图上标为约科纳帕塔法河）。

威廉和他的几个弟弟简直爱死牛津这块几乎完美的天地了。它提供了奇遇险境，既易征服，又易于逃脱。但是，对于他们的父亲来说，牛津无疑给他带来了遗憾和怨恨。虽然默里在别人的帮助下总是能找到工作，因此还能养家糊口，不过，同时他也失去了在里普利时拥有的相对独立的生活以及对未来产生的希望。

刚搬到牛津的时候，默里负责北大街的路面平整工作，后来又经营几家商店，其中包括一家五金店和一家出租马匹的马房。不幸的是，这些工作都不能引起他半点兴趣，就连生意最好的马房，其魅力也无法与他钟爱的铁路的魅力相提并论。他的家族地位保证他能找到工作，也有利于使他的生活过得相对好一些，然而家族地位也使得他的失败格外引人注目。

默里的工作换了一个又一个，被普遍认为是福克纳家族不成器的子孙。后来，默里在父亲的精心安排下接受了密西西比大学的聘请，当上了秘书兼总务，这一职务，他尽责地服务了10年，直到在一场政坛人事更迭中被辞退了。

那时候，默里常常孤零零一人闷声不响地枯坐着，除了偶尔大发雷霆之外，默里大部分时间都把怨气闷在肚子里。他的性格中本就有暴戾的基因，人生的不顺利更使他变得性情乖戾。但是，他对骑马和漫游的喜爱却始终如一，并没有因为走背运而放弃这些兴趣。

默里喜欢带儿子们去马房，到树林里去。在把他们交托给学校之前，他把自己最精通的事情——怎样骑马、追踪兽迹、打猎和钓鱼教给每个儿子。晚上在"会所"里，妻子和父亲都不在身边，又有威士忌可喝，他的戒心消失了一部分。儿子们围住他时，他讲了不少故事，有的关于他猎获的狼、豹，有的关于他热爱的铁路。

4. 矮个子的童年

默里最熟悉森林，他对孩子们谈论最多的就是森林，还有他最喜欢的运动，认为运动会使男孩子富有男子气概。受父亲的影响，威廉对运动也有着特殊的钟爱之情，但他很早就开始发现了自己的不利条件——身材矮小。

他总是比同龄人长得矮小。很快，连几个体格更像他父亲的弟弟身高和体重都超过了他。威廉的矮个儿和小架子、头的形状、眼睛的颜色，都像他母亲而不像父亲，这一点他的家人早在他很小的时候就看出来了。随着他父母之间的矛盾越来越激化，父亲也越来越把他看作是他母亲的孩子。有时候，他父亲开些过火的玩笑，就管他叫"蛇唇"。

在威廉上十一年级的时候（十一年级是牛津当地中学的最后一年），他通过努力当上了橄榄球队的四分卫。夏季到来的时候，棒球就成了他的最爱，在棒球队他担任投手或者二垒和三垒之间的游击手。威廉的一个球友回想起幼时的时光说："那些年的夏季在一起玩球的孩子中，他是最好的球手之一。"

除了五官纤巧外，个头不够大、力气不够大，尤其是不会打架，更是威廉从小到大的一块心病。这一点可以从他1953年的回忆录中看出来，美国小说家舍伍德·安德森（他帮助福克纳出版了第一部小说）喜欢创造身材高大的人物，威廉认为，那是因为安德森是"一个矮小的人，也许整个童年时期他都希望自己能长得高大些，打起架来更行，好保卫自己"，才把小说中的人物都写成身材高大的人。

虽说威廉很擅长体育运动，但他似乎对促进想象力的活动更加喜欢。在邻近的森林里（例如他后来买下的谢戈格庐屋后的那座树林），他把老的游戏改动一下规则，设计出全新的更为吸引人的游戏：他跟弟弟、堂兄弟们一起追踪小动物，或者互相跟踪，或者寻觅珍禽的蓝色鸟蛋，或者玩各式打仗游戏，或者捉迷藏。

除此之外，其他的乐趣都和屋顶阁楼、门廊和阴雨天有关，也和他姥姥利拉·巴特勒有关——他管她叫"捏泥巴姥姥"。"捏泥巴姥姥"对"老上校"的兴趣几乎等于零，她女儿很讨厌男人一打猎就喝酒、出言粗俗，她也大有同感。她真的对男人没有好感，也许有一部分原因在于，一个男人遗弃了她，害得她不得不放弃到罗马去学雕塑的奖学金。不过，她懂得怎样画图、画油画，甚至懂得雕塑，而且只要是她懂的，她就对它一往情深。

早先，利拉·巴特勒经常上女儿家做客。1902年，她带着画架搬来常住了。她的来临虽说丝毫不能缓解默里和莫德之间的紧张关系，但对丰富孩子们的生活大有帮助。她特别喜欢那个长得像母亲的孩子——威廉。她替他雕了一个9英寸长的玩偶，穿一套警察制服，连黄铜纽扣也不缺，玩偶雕刻得简直无可挑剔，威廉爱不释手，并给它起了个爱尔兰名字——帕特里克·奥利里，带着它到屋顶阁楼里，编一些有关它的故事，以消磨阴雨天的时光。

在"捏泥巴姥姥"的教导下，加上自身天赋很好，威廉很快就学会了画图。令人惋惜的是，"捏泥巴姥姥"在1907年7月7日就去世了。在死前的几年里，她时常帮着他指导小伙伴们在前院里搭建小村落。有一个参加过的人说到当时的情景：他们用棒头、草、石块和玻璃搭人行道、街道、教堂和商店。威廉和他姥姥都很会将就凑合，善于利用手头现有的材料完成这些小工程。

威廉总是处在领导者的位置上。他有着姥姥那份制造东西的艺术才能，在那时候，他的想象力已经很丰富了。从这个喜欢画图和搭建小村落的小男孩身上，人们已经大致看出他今后的潜力。等他上了学，从他在学校里变得好动而安静不下来的样子，人们更能直接地看到未来的迹象。

威廉在1905年8周岁生日后，开始上一年级，后来跳过二年级，在三、四年级始终是个优秀生。尽管他对绘画和看书特别感兴趣，但他并不偏科：他所有课程都能拿到好分数，品行也得优。在家里，他能完成指定的杂差，也不必反复催促。然而，到10岁上四年级的时候，他的态度开始变了：他只做在学校保持名列光荣榜、在家里免惹麻烦而非做不可的事，变得愈加不听话、愈加沉默了。

5. 喜爱阅读的厌学者

　　在牛津的公立学校里，威廉的生活和学习似乎游刃有余，从来没有他做不来的事情，但同时，他也没有受到真正严格的教育，可以说生活得自由自在，因此对学校并无反感。即使在早年品学兼优的时候，他也不觉得有压力，留下充裕的时间向他的父母或者"捏泥巴姥姥"和其他讲故事的人学习。直到五年级时，他才有了显著改变。改变的倒不是受教育的地点和内容，而是取悦父母的愿望——他再也不在乎父母是否高兴了。

　　他时常逃学，即使上课也不声不响、心不在焉。坐在课桌前时，他对身边发生的一切概不理会，高兴怎样就怎样——念书、画图或者随意写些什么。站在操场上，他也仿佛完全生活在自己的小天地里。照一个同班同学所说，他是"一个矮小的家伙，站在学校运动场上的时候，大多什么事也不干"，听人家讲话也不搭腔，看人家玩自己也不动。

　　威廉由顺从、参与变为沉默、安静，但这种变化其实也是间歇性的，有时候他还会回到那个活泼好动的状态。即使到后来他开始扮演观察家的角色时，也还是在参与和退出之间来回游移。

　　有时他积极而跃跃欲试，参加多种运动，从事各种实验。他的三项工程——一项是用玉米包皮做翅膀，另外两项都用火药，其一是为照相作闪光，其二是为发射树林里找到的一支南方军老式手枪。话说回来，他的变化是毋庸置疑的，后来证明也是持久的。

他在三年级期间开始的退步，一直持续到他两度上十一年级的时候——他从未毕业。学校生活将近结束之前，他继续上学读书，但这只是为了在秋天和伙伴儿们去打橄榄球，春天去玩棒球。

既然父亲对教育漠不关心，他逃学和上课不专心的管教责任大部分落在母亲身上。她尽了她所能，鼓励、威胁、哄骗无所不用。有个弟弟记述说，威廉安安静静地站在那儿，仿佛在听着，然后自管自就走了，既不替他的行为做解释，也不辩解什么。大约在逃学使母亲开始着急的时候，他愈来愈厌恶干活，使父亲也开始着急起来。

他千方百计逃避家务劳动，有些甚至令人觉得好笑。1910年的冬季，他编了一套连续的故事，仿佛连载小说似的分批发布，骗得一个小伙伴儿替他代劳运煤，每天还卖个关子，好让那又高又壮的伙伴儿很想再听下去。自然，并不是威廉所有的计谋都很聪明，都能成功，有的简直叫人讨厌。他的一个堂兄弟回忆说："你无法知道威廉告诉你的事情究竟是真的还是他捏造出来的，真叫人讨厌。"

从别的意义来说，故事开始充实他的日常生活。他把在家里的大部分时间都花在看书上。到10岁开始厌学时，他已经在读莎士比亚、狄更斯、巴尔扎克和康拉德的作品。在他父亲办公室里的炉边，他一边看着父亲的朋友们喝威士忌，一边听他们讲故事。在县政府大楼里，他听老人们讲南北战争的故事。

黑人女佣卡罗琳·巴尔奶妈的小屋壁炉边，也是他经常光临听故事的场所。福克纳家的孩子们管她叫考利奶妈。她1840年生下来就是一个奴隶，默里·福克纳一家搬来牛津的时候，她已经60多岁了。她和莫德一样瘦小，要严就严、要凶就凶，但富于感情的天性和表达爱情的本领，支撑了她一辈子，使她安然度过深重的艰难困苦，也使她能给予威廉以温存、爱和娱乐。她不识字，更不会写字，但记住的故事却不少——有的故事讲奴隶制，有的讲南北战争，有的讲三K党，有的讲福克纳家族的历史。

多年以后，威廉在好莱坞抑郁不乐时，重述了她讲的一些有关小动物的生活习惯的故事，从而和别人分享了他小时候和考利奶妈分享过的惊叹和乐趣。威廉喜欢和她在一起，除了能听有趣的故事之外，还能让威廉获得精神上的安全感，他从听故事一变而为讲故事，开始讲自己在父亲的马房里、县政府大楼里，以及经常停留的"大宅"的门廊上听来的故事。

在"大宅"里，威廉和情同手足的表妹萨利·默里一起玩，也听爷爷讲"老上校"的故事。在乖乖地听完故事后，爷爷不时地让他摸摸"老上校"的手杖、书和表，甚至老上校被害那天从嘴里掉落在地而摔坏了的烟斗。这种时刻对祖孙俩显然极为重要，颇为温馨，祖父给了他一件老上校的漂亮背心和表带饰件的复制品，留作纪念。后来威廉说，这一切"使他成了世界上生存过的孩子中最得意的一个"。没过多久，他开始抽自己的烟斗，这成了一个持续终生的习惯。

也许从来没有一个孩子那么经常听到如此多的故事而不提问"干吗讲这些给我听？跟我有什么相干？"，但威廉确实不是耐着性子勉强听下去的，他总是央求多讲些。一个认识他多年的熟人曾经讲过，每一个故事的每一种说法，他显然都听到过，而且全记住了。

这种惊人的记忆力，把情景、事件、人物，甚至说的话和语气变化都记得清清楚楚，成了他独特的优点。上七年级的时候，他开始学密西西比州的历史，特别是有关南北战争的那一段。多年后，他的藏书中就有了道格拉斯·索撒尔·弗里曼和布鲁斯·卡顿写的有关南北战争的著述以及卡尔文·布朗的《密西西比的古文化遗迹》，甚至《密西西比地方志》。

后来，在1932年父亲死后，他当上了族长，继承了大开本的"家族圣经"。在里面登记了一些必不可缺的记载后，他又尽量记下他能发现的家谱记录。可是，他对本地区及其过去的了解（当然也包括对他家族及其过去的了解），大多是从"陈年宿话老故事"中学到的。

6. 辍学

到了1916年，眼看威廉重读十一年级的努力势必重蹈第一次的覆辙，焦虑由父亲扩及到了祖父。观其行，威廉明明是一个智力超群的孩子，现在却连个中学也无法毕业，该怎么办呢？

祖父决心扭转局面，于是让威廉辍学到他的银行里去当会计。威廉表面上顺从了祖父的安排，每天在银行柜台后蹲上好几小时，但他实际上并不老实。后来说到在银行里的几个月，他开玩笑道："停学，进祖父的银行干活，懂得了他的烈酒能治百病。祖父认为是照管办公室的工友教的，狠狠惩罚了这位工友。"

虽然他在银行里度过的时间给了他经验，使他后来能教授一个叫拜塔的职员识文断句，但并未起到使他安顿下来的作用。他从来也不专心干职务工作，哪怕是勉勉强强地干。他还断言，为了钱而工作是可鄙的。后来，他开始和出名的酒徒（甚至是"镇上的酒鬼"）来往，更加剧了他母亲的焦虑。威廉待在银行里的时间少起来了，开始把更多的时间消磨在密西西比大学发起的活动上，母亲和其余的人对此都毫无办法，只能予以默许。

7. 与父决裂

举家迁到牛津后出现的家道衰落日渐加深，默里·福克纳不仅被大家视为一事无成的失败者，还被认为是个不折不扣的酒徒。默里愈来愈感到自己的失败而暴躁易怒，喝的酒也愈来愈多，他酒喝得愈多，莫德反对得也愈凶——她满心厌恶喝酒。

有时候，特别是在默里大着嗓门、骂骂咧咧以后，她很可能觉得他喝酒不仅是为了逃避，而是为了惩罚她。不管怎么说，在二人的夫妻生活里，两人矛盾愈演愈烈。默里越喝越凶，莫德则夸大其词地数落他的失败、软弱和罪过。

威廉对围绕父亲饮酒的吵闹事件产生的直接反应是躲开父亲而转向母亲。在青年时期和成人初期，他把大部分同情心留给母亲，而把大部分指责留给父亲，他称父亲为"先生"，表面上始终保持尊敬，但内心却把父亲看成是个使人难堪的失败者，是个无聊至极的人。

威廉感觉到"蛇唇"之类的称呼完全意味着指责和摈弃，威廉的父亲认为他不仅懒散，而且古怪（这一点显然太像他母亲），对于诗又过分入迷——这一点威廉心知肚明。

威廉找各种办法来表达他通常掩盖起来的对父亲的指责。有一天黄昏，他坐在门廊上，对父亲近来常作的提议报以轻蔑。默里·福克纳听说儿子像他曾祖父那样抽烟斗，就主动给他一支雪茄烟，"痛痛快快抽一下"。威廉接过雪茄烟，回答说："谢谢您，先生。"然后伸手进口袋里摸出烟头，把雪茄一扯两半，拿一截装进烟斗，点燃后抽了起来。他父亲眼睁睁地看着他，一言不发，转身走开了。"他从此再也不给我雪茄烟了。"威廉回忆道。

威廉对待母亲却远远不是那么直截了当。他用多种方式（让他做杂活他不做，玩忽学业而游手好闲，喝喝威士忌）来表达他的愤恨。但是一般来说，母亲在世时（她直到1960年才去世），他始终是个听话而敬佩母亲的儿子。他一离家，总不忘写信给她，常常根本不提父亲。只要人在牛津，他就天天都去看望母亲。

他敬佩母亲的品格——意志坚定、自尊心强，并以多种方式把这一点写进小说作品中。对于父亲有目共睹的无能和褊狭的见解，他既厌恶又瞧不起，这同样在他的小说中体现明显。

无法与父亲和谐相处，威廉内心深处需要一个成功而事业有成的楷模。对于这样一个孩子来说，与父亲相处是十分痛苦的事情。威廉知道，他的曾祖父曾"作为一股生命力驰骋全国"。

如果只提"老上校"是个作家，那就把他曲解得面目全非了。如果时间久远，可以允许福克纳家族画蛇添足、大加发挥的话，"老上校"肯定会是一个比作家、铁路经营企业家更加了不起的人物。但是，创业者拥有的许多条件，后代子孙却享受不到。威廉的父亲几乎和其他后裔一样，做的事虽多而成就不大，难以鼓舞一个像威廉一样渴望成就惊天动地事业的小男孩。总而言之，默里在威廉的眼中已经是一个彻头彻尾的失败者了，尤其是在伟大的曾祖父的光芒照耀下，默里在儿子的心中形象更加微小了。

大约在和父亲开始决裂前后不久，威廉就把自己看作是曾祖父的孩子。他坚决不用自己得自父亲的名字"卡斯伯特"，认为它女人气太重，而把得自家族巨人的名字"威廉"看成是自己真正的名字。9岁的时候，在开始逃学、推卸家务前不久，他就开始说："我要像曾祖父那样当个作家。"这话他一再重复，直到变成了一句口头禅。

多年以后，他在第一本出版的书内，加了一篇简介，只提自己是"南方邦联军上校，《孟菲斯的白玫瑰》和《欧洲掠影》等书的作者威·克·福克纳的曾孙"。自封为伟大祖辈的代表以后，他还乘机表现权威，自作主张地在"老上校"的姓上也加了一个自己早就添加的字母u（福克纳一姓原来的拼写为Falkner，作家把它拼作Faulkner，多加出一个字母u）。后来，自我意识更加坚定以后，他追求权威的欲望更加明显了。

他父母视为全面独立宣言的那个字母u，他把它专门和"老上校"联系在一起：声称自己只不过是恢复了曾祖父去掉的字母。但是，这一举动的本意和深层意义在于认同。照他弟弟杰克后来说的，他早先宣布的意图是符合"他的性格和梦想"的，杰克还说，威廉从儿童时代开始"就模仿'老上校'的生活"。

8. 徜徉在诗海

1910年，威廉开始念诗了，偶尔也写诗。写作的部分作用就是要探索像曾祖父那样当个作家究竟意味着什么，另一方面也是要探索自己作为一名观察者到底能做些什么。他这位观察者的注意力愈来愈集中于自己的感受力和想象力。

他装成审美者、花花公子，借以表明自己是观察者、思索者和诗人。装成其他角色时，他总是借以影射他对自己生活天地的感受，特别是对自己那位身材高大而时运不佳的父亲的感受。

他对诗歌的爱好遍及浪漫主义、后期浪漫主义甚至颓废派的诗作。在早期创作的诗中，他不是取材于自己对密西西比的山岭、禽鸟和居民的了解，而是汲取了他所了解的19世纪英国诗的知识。

他一面阅读、写作，一面继续探索对生活做出反应的不同方式，因为他需要有自己是个"行动的人"的感觉；他也继续探索各种考验自己忍受力的方式，因为他要感觉到自己具有强大的体力和勇气。为此，他经常去打猎，这种爱好持续终生。后来，他又从高尔夫球、网球、航海、飞行和骑马中得到了以前从棒球和橄榄球中得到过的满足：这些运动项目考验了技巧和决心，反复证明他不怕做一个"体质羸弱而敢于面对机会和环境的人"。

他献身艺术，也需要艺术（甚至到了无可救药的地步）。他说他这个人什么事也干不了，只会写作。而且，他一面反复阅读，然后开始模仿斯温伯恩那样立足于文字的世界，一面继续搜寻有关他经历的那个世界的故事。

尽管他过了些时候才发现这一双重奉献的意义，但早在他读诗而不写诗的时候，模式早就存在了。这个模式就是摇摆。几年以后，他终于找到自己丰富想象力的原产地：那既不是源自于密西西比的生活，也不是源自于英国诗歌，既不是源自于实际的人间，也不是源自于想象的天堂，而是源自于人间与天堂二者之间的种种紧张关系。

在这点上，《八月之光》的开端部分最能说明问题，因为那个开端的力量不在于勾起对密西西比的灼人而满是尘土的道路的回忆，也不在于引用济慈的古瓮的典故，而在于一个同时投身于勾起回忆和引用典故的作者的修辞技巧。

他早期的诗作表明，他对待观察者的角色及其含蕴的命运安排，怀着深刻的矛盾情绪。例如：诗集《大理石牧神》（一译《无情的牧神》）中的人物把自己说成是"暗哑而无能"的，透露出福克纳在作家生涯的最早年代里所经历的疑虑、歧见和恐惧。他早期的诗作，无论主题和技巧，往往都是模仿性的，尤其是诗中的厌世、单恋、哀伤。

和福克纳常有的矫揉造作分不开的，有两类病态：在《女独身主义者》中，我们碰到一个像米利·西埃尔那样"乞灵于黑夜、啜泣、渴望死去的人"；在别的诗作中，我们看到一种纯属死后的景象，就像艾米莉·狄更生的《因为我没法停下来等待死亡》那样。因此，福克纳在生活中实行并在诗中唱出的与世隔绝、沉默、安静，不仅和"暗哑而无能"有关，也和灭亡的威胁有关。

第二章　青年时代

1. 两个好朋友

威廉没有念完中学，在银行里工作过一阵，又在密西西比大学里荡来荡去，参加几项喜欢的活动，结交几个志趣相投的朋友。1916年秋，他开始了同本·沃森的终生友谊。第二年春，学校年鉴《老密西》刊登了他的一幅画，这是他发表的第一件作品。

除了创作之外，威廉也有自己的交际圈。有时，在腻烦了看书、作诗、听故事、画画之后，威廉便同自己的朋友——菲尔·斯通或埃斯特尔·奥尔德姆一起散步聊天。

斯通家和威廉家虽是事业上的对手，但在社会上是同盟，都是有着良好声誉的名门望族，不仅如此，两个家族还有共同兴趣——女的上卫理公会教堂，男的热衷于赚钱、喝酒和打猎。菲尔比威廉大4岁。不同于威廉的懒散，菲尔在学业上雄心勃勃，因此顾不上注意他。直到1914年夏从耶鲁大学获优等生文学学士学位（一年前以优异成绩获密西西比大学学位）回乡，才听说威廉在写诗。

菲尔还打算进密西西比大学法学院，然后再去耶鲁大学深造，随后同父兄一起经营家业法律事务所。但是，他更喜爱文学，尤其喜欢诗歌。听说威廉在写诗，他不太相信，于是便径自上门去找他。威廉得悉菲尔的来意后，几乎一言不发，只是拿出自己的作品给他看，观察他读诗时的反应。

菲尔·斯通似乎一眼就看出了其中某些诗篇所预示的威廉的天才。日后，他对人说："谁都能看出他确实有才气，这是再明显不过的事。"在威廉尚是一块可造之才、需要辅导和提携期间，他始终是一位忠诚可靠的朋友。

威廉和菲尔似乎注定是一对相伴终生的好朋友。两人年龄、经历、仪态虽然不同，但有一些共同之处。其中最大的共同点是：菲尔也是一个性情孤僻的人，因此威廉产生了同病相怜之情。他后来写道："除了我，威廉·福克纳没有一个可以交谈自己计划、希望、抱负和写作技巧的人。"

从1914年夏拿到第一个耶鲁大学学位回家，到1916年秋重返耶鲁去读第二个学位的这段时间里，菲尔支持威廉的追求和憧憬，偶尔听他诉说志向。但是，由于威廉不仅需要鼓励，还需要指导，加上菲尔爱说、威廉爱听，所以两个人在一起时，总是菲尔说话的时候多，威廉说话的时候少。

对此，威廉起先还不在乎，后来便有些厌倦了，开始争取单独看书自学，但这样的学习难免有不足之处。他母亲看的书中有不少文学和哲学的经典著作，从《圣经》、柏拉图、亚里士多德直到康德，但是其间有不少脱节和空白，无人帮他填补，因为家中没有人像他那么嗜书如命，也没有人摇过笔杆子。

菲尔刚出大学校门，课程、讨论听得多，新鲜事物知道得多，尤其喜欢卖弄他所知道的一切，一开始便指导威廉读书。两人间的关系一直保持这种模式：菲尔是高谈阔论的说教能手，威廉则听得多而说话少。

在福克纳的诗歌学习上，菲尔确实起着重要的指导作用。他先让威廉注意众所周知的19世纪诗人，然后读象征派的诗——象征主义是文学史上最深刻的一场运动，菲尔在纽黑文一家叫作"砖巷书屋"的著名书店买过许多书，知道象征派运动的背景，熟谙叶芝、庞德、艾略特和乔伊斯的著作，并为之自豪。

威廉听菲尔说话的时间越来越多，同时对埃斯特尔说话的时间也越来越多。他的一个弟弟写道："有埃斯特尔在听他说话时，他发觉自己变得能说会道。从此，他常去她家，同她闲聊，听她弹琴。"

埃斯特尔所属的奥尔德姆家族是富豪，虽然参加共和党，却无损其在地方上的威望。他们是在1903年秋迁到牛津来的，比默雷、福克纳从里普利迁来晚一年不到。威廉素来把奥尔德姆家当作欣赏音乐和谈心的世外桃源，因为奥尔德姆家没有不许孩子说话、不许谈论书本的种种家规。

即使埃斯特尔上玛里·布朗大学时不在家住，威廉仍去她家。威廉多年后出版第一部著作时，便把第一版的第一本送给了他们——由此可见奥尔德姆家族对威廉人生的重要性。但是，他去那里，主要还是去看埃斯特尔，听她弹琴，同她讨论自己的希望和打算，朗读自己写的诗给她听，让她欣赏自己作的画。只有和她在一起，他才感到快乐。

威廉和埃斯特尔青梅竹马，"小情人"的关系持续多年。他们经常一起玩、一起谈心、一起参加舞会学跳舞。但是，自从威廉变得情绪抑郁、日益厌恶上学、干活以后，两人的关系也发生了变化。

威廉仍然去找埃斯特尔谈心，仍然指望她做他的心腹之交。但是，种种迹象表明：他更像一个忠诚的朋友，而不像求婚者，即使算得上求婚者，也不过是众多求婚者之一，而且是一个万无希望入选东床的求婚者。

埃斯特尔有许多人追求，过着几乎独立的社交生活，就像威廉发表的第一幅画（以及许多诗）所描绘的模样：画上，一对颀长、故意拔得细长的男女在跳舞，肃穆古板的气氛使人物显得高不可攀。威廉"舞跳得极好"，曾是女孩子们的"抢手"舞伴，但如今却不再跳舞了——他痛苦地意识到自己身材矮小，认为自己不如站在一边看别人跳。因此，他虽然常常参加舞会，却难得下舞池。

埃斯特尔长得活泼可爱，舞也跳得轻盈优美，跟求婚者们跳个不停。威廉如果跳舞，必以埃斯特尔为伴，埃斯特尔停下观看别人跳舞时，必有威廉守在身旁，但更多的时候是她跳他看，如此通宵达旦。

威廉不怕扮演这样的角色，这能使他自我感觉良好，他同埃斯特尔之间有一种难以言说的默契：虽然她接受别人的追求和馈赠，甚至有口无心地信誓旦旦，但威廉始终觉得埃斯特尔对别人都是虚情假意，唯独对自己是一片赤诚，因为她终将归属于他。

埃斯特尔受众人喜爱，出自显赫门第，有正常的抱负和爱好，这些对威廉都十分重要。在他可以交谈的人中间，埃斯特尔最使他感到自在。更何况她不仅是一颗光彩夺目的星星，而且深深地信任他——追求者再多，她也只忠于他一人。

2. 第一次失恋

威廉从心底觉得自己同埃斯特尔的关系是一种高度浪漫的、伟大而不幸的、欲罢不能的爱情。威廉早期诗作中隐晦的情爱，除了反映对斯温伯恩的爱好外，还看出要他吐露衷曲之困难。在他的诗和画中，情爱同跳舞不可分，而跳舞是他厌恶、埃斯特尔喜欢的一项活动。

尽管他们有过盟誓，但随着日子一天天地过去，埃斯特尔不能再信守盟誓了——她"变心"了。埃斯特尔生性活泼，一次次同人家山盟海誓，又一次次地分手，最后同一个锲而不舍、条件不错的叫康奈尔·富兰克林的人好上了。

但是，埃斯特尔最终却因为受不了对方和双方家庭的压力，建议同威廉私奔。当时，埃斯特尔的父母决不会同意他俩的结合，甚至连威廉自己家里的人都认为他一无固定职业，二无前途可言，没有资格谈论婚姻大事。可是，固执的威廉坚持要征得双方家长的祝福。

威廉明知不成，却一定要自讨苦吃，似乎存心要尝尝诗中所写的失恋滋味。最终，他以失败而告终。

他曾经失去过许多，但是失去埃斯特尔，他却毫无心理准备。遭到双方家长的拒绝、恋人变心之后，威廉满腔悲愤。埃斯特尔宣布订婚后的几个月里，他意识到自己在不知不觉中已经非常依赖埃斯特尔对他才华和抱负的信任。

不过，就算埃斯特尔依旧信赖他、爱他，但是她愿意同别人结婚，至少说明她信之不坚、爱之不深。威廉依旧留在她身边，一面等待转机，一面继续以诗画相赠。

埃斯特尔的婚期逼近（1918年4月18日），自我怀疑、痛苦和怨恨使他无法同埃斯特尔交谈，无法站在一旁看她同别人跳舞——他受不了看她和别的男子成双成对。这一切，正如他弟弟后来所说的："他的世界破碎了。"

3. 飞行员之梦

个人的世界崩溃了，威廉试图解脱于大世界的崩溃。1917年4月6日，美国正视欧洲近几年来的遭遇：统治西方近一世纪的和平、繁荣和进步濒临末日。在此之际，威廉想抓住这个机会大干一番事业，以驱散失恋的哀愁。

他自幼迷恋飞行，小时候用玉米壳、豆茸和纸张做机翼和机身，居然还飞了起来。最近几个月来，报上关于战争的消息越来越多，他看了许多关于在法国空战的报道，满脑子尽是飞行员的名字。他想，我何不学他们的样，"到法国去，建立殊荣，挂彩授勋"？

如果大规模屠杀和破坏是19世纪的定数，那么他也该去亲自尝尝那滋味。也许勇气和运气能让他在这场改变西方世界的战争中一展英雄的本色，找到像当年"老上校"一样的扬眉吐气的机会："老上校"生还后修了一条铁路，写了一部通俗小说；威廉或许也能生还，从此开始人生新的一页。

他决心当飞行员，于是便兴冲冲地找到征兵站，不料却被退了回来：人家嫌他身材矮小、体质羸弱。失恋后想做飞行员的美梦就此破灭。在他的身边，人人都在谈论战争，事事都在提醒他埃斯特尔将为人妻，使他感到实在无法在牛津待下去了。

于是，他在3月底去纽黑文——菲尔·斯通正在那里读第二个学位（法学士），即使没有大事可做，至少也能找些消遣。岂知，那里也都在谈论这场他不能参加的战争。威廉穷困潦倒得没钱用时，便在温彻斯特连发武器公司当差，听到的又全是盟国部队如何抗击德国的春季攻势的谈论。慢慢地，他对战争也有了一点兴趣。

不过，菲尔·斯通对战争漠不关心，还设法叫威廉专心作诗，把他介绍给一些作家，如17岁便有作品出版的诗人斯蒂芬·文森·贝尼特，还介绍他认识一些喜欢谈论美学、引用布朗宁和叶芝诗句的朋友。但威廉最感兴趣的是既论诗又谈战争的人，尤其爱听驻耶鲁大学的一支后备军官训练队的人聊天，其中有几个英国皇家空军的成员，打过仗，受过伤。

将近5月的时候，威廉下决心另觅途径参战。他是遭到情人、亲人和家乡征兵站的抛弃而离开牛津来到纽黑文的，初到纽黑文时的解脱感转眼便消失了。

100年前，有过一个负担沉重而不甘沉沦的年轻人把名字"Haihorne"改成"Hawthorne"（霍桑）。威廉和他一样，很早就把家族、宗教和历史看成负担。现在他和霍桑一样，既承受祖先的光荣，也看到祖先的罪孽；也和霍桑一样，在缅怀、崇拜和逃避过去的影子之间徘徊。不久，他也学样创造了一个人物：在皇家空军军官的帮助下，他学英国口音，编造英国身份。他想，作为密西西比州牛津县的威廉·Falkner没有资格服兵役，作为英国人威廉·Faulkner说不准能被接受。

7月14日，他顶着一个改过拼法的姓氏，操着一口不纯正的英国口音，借用一个伦敦的地址，从纽黑文赶去纽约的一个英国征兵站，身上揣着几份证件——纽黑文兵站结识的军官写的介绍信（推荐这名英国学生参加皇家空军），几份伪造文件（1898年5月28日生于米德尔塞克斯即芬奇利村的出生证和一个无中生有的爱德华·特文伯利·桑代克牧师的表扬信，称他为正直诚实的青年基督徒）。

不知是出于无奈，还是信以为真，或者是兵源短缺，这个假英国人居然被接受了。他当即报名受训当皇家空军飞行员，规定于7月9日到多伦多报到。他从纽黑文返回牛津，做出发的准备。

然而，威廉·福克纳的梦想最终化作泡影：在练习柔软体操、急行军、学习航空和飞行原理5个月之后，他进入飞行前期训练的第三阶段也即最后阶段，眼看就要实际驾驶了，孰料战争于1918年11月11日宣告结束。

没有办法，他只好于12月初返回牛津，并于1919年1月初正式复员。让福克纳稍微感到安慰的是，在1920年11月，他收到一份通知——自己被晋升为皇家空军荣誉少尉。

失恋加上英雄榜上无名，福克纳恨这身士官生制服，恨自己的命运——眼看别人开着飞机上天，甚至连他的弟弟都在阿尔贡森林中打过仗、流过血，佩戴勋章而归，自己却无能为力，他岂止是失望而已。

若干年后，这腔怨愤谱写了他的第一部小说的第一页：一个士官生朱利安·洛怨气冲天，"埋怨战争中止"，"以酸溜溜的眼睛闷闷不乐地打量自己的世界"。"悲伤怨恨"郁结在心，"白白努力、希望落空"的士官生不仅怨恨"命途蹇塞"，夺去他挂彩建功的机会，还妒忌所有的英雄，甚至妒忌他们脸上丑陋的伤疤。

停战后的头几个星期，福克纳失望之余，信笔涂鸦，所写的东西没有文学价值，塑造一个人物踏上战争舞台，下台时变成另一个人。

回牛津前，他往家里写的信中把一些想象的历险当作真实情况讲给家人听。8月，他无中生有地描绘自己带了朋友"偷车兜风"。11月中，战争已经停止，他还讲述飞行训练和单人飞行。12月，他戎装归家。据他弟弟约翰说，下火车时，他不是一副埋怨战争结束的士官生嘴脸，而是一身英国军官服，右肩斜挂武装带，披着饰有飞行胸章的大氅，戴着海外服役的帽子，好不威风；同时，他手挥拐杖，走路"带跛"，自称是训练时飞机失事而受的伤。

他爱讲飞行和受伤的经历，但是每次都不一样：有时是训练失事，有时是士官生喝得半醉、擅自单飞上天庆祝停战；受伤部位倒总是两腿或一边的臀部，有时还加上颅骨骨折，因此而得了银质奖章和头痛病的后遗症，还有人听他说事故发生在法国的一次空战中。

其实，福克纳捏造的事不全是为了过瘾。他的兄弟后来写道："凡是作家，多半时间生活在想象中，很容易变成另一个人，不只是他自己。比尔（威廉）是我见过的人中最拿手的一个。"福克纳有"风趣地戏剧化自己的才能"，因此捏造不过是在想象中变成另一个人的方式。这如同他日后写故事一样，内容和人物有根有据。但他不是单纯复述这些故事，而是借用和改造。

战后几个月，他对失之交臂的壮举愈发惋惜，唯一的出路是：借助见闻间接感受。他知道有许多人是抱着莫大的希望去参军的，追求荣誉，所得却是懊丧和失望。人家在战壕、炮艇或机舱里认识了"战争是荒唐，是赌博，是一意孤行"，他在自己贫乏的战争知识中看到的却只是没能得到的荣华。

他的这身装束和装出来的跛行中有假也有真：他塑造的人物和故事，有不少是借用来的，但是一经借用，便成为他自己的。他把别人的经历（听到的、读到的、想象出来的故事）改头换面，写成了《紫丁香》、《王牌飞行员》、《11月11日》等诗篇和《胜利》、《全体阵亡飞行员》和《荣誉》等故事——塑造一个人物不过是一场想象的演习。

回家后不久，受伤的飞行员这个角色开始掺入其他身份。"人虽到了密西西比州牛津镇，心中却无回家的感觉。"他抱着试一试的心理转入非军人生活。在穿着军装上过街、赴过宴、照过相后，日子一久，他便收起这套军装。

"战争的人为纷乱"过去后，他面临着如何生活下去的问题。失去了埃斯特尔，参战又未能如愿，在康涅狄格州和加拿大生活了几个月的他变得沉默警惕，说话带着一点"外国腔"。然而，如何活下去呢？他的答案是：继续依靠父母。

4. 酒鬼诗人

  同一个无法接受他的父亲和一个无法拒绝他的母亲一起生活，福克纳只好凑合着对付：他偶尔打工、杂七杂八地读些书，有时努力按父母（特别是母亲）的期望去做，使母亲认定他有得天独厚之才。但是，他多半我行我素，不听训斥，不作解释，躲在房里看书写字，并在房里藏着威士忌。

  他仍去奥尔德姆家聊天，去斯通家聊天、打猎、玩高尔夫球。菲尔住在查尔斯顿，但仍旧常和他见面，两人同去孟菲斯、新奥尔良或克拉克斯德尔，同几个身份不明的人（包括道特·威尔科克斯和里诺·德沃）往来。有时，福克纳会觉得非离开牛津不可，只要有借口，他哪里都去。有时给正在竞选法官的约翰叔叔开汽车，去一些小城镇，听一些寄宿公寓、市中心广场或政治集会上流传的故事，感受放松的快乐。

  这样的生活模式持续了若干年。他出入牛津，出入不同的角色：一会儿是显赫的祖父和显赫的叔叔的不成器的亲戚，一会儿是油头粉面的公子哥儿，一会儿是不修边幅的落魄文人。但无论以什么身份出现，他永远是"诗人"，也永远是"酒鬼"。他把喝酒的原因归为失恋或者在战争中受伤，故意小题大做。他喝酒、蓄须，无非是想说明，他个子虽未长高，人却已从孩子长成男子汉；喝酒更说明他有难言之隐，有迄今未能完全恢复的失意。

戴着菲尔帮他扬名的"诗人"桂冠，福克纳继续读书、听人闲谈、绘画、写作。虽然写作尚未成为生存目的，但正在成为他探索的重要形式，使他进入长期自学的新阶段。他后来把所有的小说都同自己挂上钩："我是一遍又一遍地讲述同一则故事，这故事就是我和人世间。"战后几年，他用诗歌来表现对自我和人世间的关注。

在菲尔的鼓励下，他不仅读叶芝和其他现代派，还读19世纪末和20世纪初的法国诗歌，并边读边改写、翻译和创作。1919年春和初夏，他越写越勤快，几个月里便写成一首八音节对句式长诗的好几稿，《大理石牧神》成为他的第一部著作（但直到1924年12月才出版）。第一首发表的诗篇《牧神午后》也是这几个月的产品，登在《新共和》杂志上。

5. 为女人写作的男人

福克纳对埃斯特尔的爱情很长时间都没有消逝，甚至连减弱的迹象都没有。这一点从威廉的诗歌中可以窥见一二。埃斯特尔婚后生完第一个女儿维多利亚后就回娘家了，而她的丈夫留在檀香山没来，所以她可以同福克纳长时间地厮守在一起。福克纳虽然余恨未消，但仍然为她写作。

他作诗的第一阶段正好同埃斯特尔1919年的归宁相吻合；第二阶段创作了一些题为《春日憧憬》的诗歌，又同1921年埃斯特尔第二次归宁相吻合。第一次归宁离去时，他送她一册自己阅读用的斯温伯恩诗集，题词缠绵悱恻，使她不得不撕去，才敢带回檀香山。第二次归宁离去时，他把自己的诗作装订成册相赠。

他一直把自己想象成一个为女人写作的男人。1925年4月终于改行写小说之际，他在《两面派》杂志上发表文章，声称写诗是"为了便于调情"，而且说女人最难防守这一招，因为她们不是"为艺术而对艺术感兴趣"，她们是"为人而对艺术感兴趣"。《古老而新生的诗篇《朝圣之旅》作为早期成就的总结，价值不大，但至少有一点，足以说明福克纳对自己与埃斯特尔的关系的看法已经流于俗套，这一变化在1919年的诗歌中早有流露。

在《牧神午后》中，诗人跟在心上人身后，穿过"唱歌的树林"，赞美她"富有挑逗性的洁白双膝"，看她转身像跳舞，最后两人"手挽手散步"。虽然油然升起一股"莫名的愿望"，想去一个更深夜静而意兴正浓的中午之境，直到这股莫名的愿望消逝，才突然"传来一下犹如深沉的钟鸣，他俩翩然起舞"。

在《大理石牧神》中，福克纳表现了更大的不满。他是"一个梦的囚犯"，他歌唱、反抗命运的枷锁。按他的心愿，他一半是浪漫的恋人，一半是牧神的门生；实际上，他是一个迟迟得不到解脱的人，命中注定只能端详、沉思、渴望，为只能知而不能"亲尝"的东西叹息。他无限伤心，不仅为了向往的东西、失落的东西，也因为不理解是什么力量紧箍住自己而迷茫。

6. 锋芒初露

福克纳一直都追求出名（他曾经说过自己做不好诗人的问题在

于"一只眼睛盯在球上，一只眼睛盯在贝布·路斯"），因此一经《新共和》杂志采用，便不断投稿。菲尔·斯通大为出力，帮他打字、处理信件，连菲尔的秘书也帮忙。

尽管如此，从福克纳第一次刊登于全国性刊物（1919年8月）到第二次（1922年6月《两面派》）之间，相隔三年，这期间有过许多次退稿。同时，他在就读于密西西比大学前后，不断扩大在当地的影响。到1925年，有三种大学刊物——年鉴（《老密西》）、校刊（《密西西比人》）和幽默杂志（《尖叫》）——先后发表他的作品41件，包括17幅画、6篇评论、一部短篇故事和一篇随笔。

他的创作，加上他的"外国"风度，使他成为众目瞩目的人物，但是他依旧"十分羞涩，因而在同学眼里往往显得落落寡合、高不可攀"。

菲尔·斯通回忆道："他的神情高贵而优越，许多人以为是摆架子，高不可攀，出言唐突，对他敬而远之。因此，他给人的印象是虚伪、古怪、乖戾，再不然便是无害无用。这样就成了一个'窝囊伯爵'。牛津的世家望族容忍他，因为他到底出身福克纳门第，但是从不请他上门。我一再向人们保证，这是位有才华的作家，迟早会比斯塔克·杨（另一个牛津子弟）更出名，却落得公众的嗤笑，世家望族则报以彬彬有礼、略带讥嘲的微笑。"

同学们摸不透他的种种假象，不知道该把他当作外国"雅士"，还是落魄文人，反正是一个做作的颓废派。他们称他为"拄手杖的美男子"、"自称威廉·福克纳的怪人"，讪讪地同他打招呼。福克纳则学习豪斯曼的坚韧冷漠，对于有些攻击视若无睹，有些则嗤之以鼻，默默忍受各种各样的痛苦——哪怕是对他的矮小身材和稚气的面貌进行人身攻击、对他的男子气概进行诬蔑。

1920年5月，福克纳在一年专修科毕业时获得"诗歌奖"，并从此结束了他的正规学业。在下一个学期，他正式退学，什么课也不修。没钱用时，他打零工赚钱；不打工时，他便同菲尔·斯通游览密西西比的农村，有时远至孟菲斯——那里的暴力、赌博和娼妓给他的生活增添刺激。他继续住在校园内，与同学生们保持接触，为学生刊物撰稿。退学后不久，好多时间花在本·沃森组织的一个叫作《木偶》的戏剧小组上。

福克纳同这个小组一起工作了几个月，写成独幕剧《木偶》，献给几个合意的人，特别是本·沃森、玛里·沃森、露西和艾伦·萨默维尔。《木偶》是他构思并写作的几个"本子"之一，包括一本"用印刷体手写的"台词和10幅线条纤细的钢笔画，主要是散文体，有几首用四音步对句形式写的歌，同《大理石牧神》有点相似。它虽属散文，风格却像他的诗歌——剧情静滞，语言有韵律而显得不太自然，插画同剧中的散文韵文一样做作，总的来说，它深受奥布里·比亚兹莱为王尔德的《莎乐美》所作插画的影响。

广义说来，《木偶》反映一个时代，和《大理石牧神》一样，表现出19世纪晚期许多英法诗人的影响，正如诺埃尔·波尔克所说，它"不仅出色地总结了，而且出色地展示了"福克纳读过的世纪末的唯美主义作品。

从纽约回来后的3年里，福克纳继续在学生刊物上发表创作——几幅画和几篇评论。1922年6月，他在《两面派》上发表了一首诗——《肖像》，那是一本声誉蒸蒸日上的"小刊物"。

随着对唯美主义的好感衰退，他的写作风格变了。不久，他花更多的时间改诗而不是写诗。虽然他的第二本诗集《绿枝》要到1933年才出版，但其中的诗都是20年代写的（全部成于1926年以前）。在此期间，他减少了诗歌创作，转而热衷于写评论性文章。他评论的诗人有W·A·珀西和康拉德·艾肯、戏剧家尤金·奥尼尔和小说家约瑟夫·赫格希默等。

这几年，福克纳在诗歌和绘画方面没有大的进展，而在评论文章中提出了他今后一直关注的种种问题。

有一篇评论文章引用了肖恩·奥凯西的诗句，描写头戴法冠的主教们挤在天堂的栅栏外，争睹海伦裹着金色披肩在花园里散步的芳容。这些诗句经他改写后用在《绿枝》的第三首诗中，后来又用在《村子》和《大宅》中。另一篇评论提出熟悉的地区和方言可否入书、"有真才实学的人"能否满足于已有成绩等问题。另一篇文章提出了对唯美主义的怀疑，这些怀疑已在改变他对自己作为一个作家的看法。

他先把约瑟夫·赫格希默的小说同生命的纤弱、同生活的恐惧、同一个体质孱弱但敢于反抗命运和环境的人的恐惧，尤其同"性的苦难"紧密联系起来，进而把赫格希默的作品同一个略经化装的形象联系起来。文章写道："《林达·康登》不像是小说，更像一段美丽的柱雕，若干个令人难忘的人物定格在无声的行动之中，超越时空。"福克纳称赫格希默的人物并不在自己周围创造生活，"倒像是木头人，根据作者的冲动摆出优美而毫无意义的姿态"。

福克纳评论赫格希默的文章发表于1922年12月15日，不乏精辟的见解。这篇文章所指出的死胡同，在《军饷》（1926）中也有反映。福克纳把玛格丽特·鲍尔斯这个人物同有人对比亚兹莱的画的批评（做作、颓废、充满了"浮华的树和令人无法忍受的喷泉"）联系在一起。

20世纪20年代初，他虽已发现诗歌虚伪、自己受不了，但是到底不搞诗歌搞什么，他心中无数。在此期间，他只有一个不起眼的短篇《福星高照》（1919）和一篇短短的随笔《小山》（1922）预示了他可能尝试写作散文。

1923年春，福克纳给波士顿的"四海公司"寄去《春日憧憬》的修订稿，改名为《奥菲斯诗集》。他没钱投资，"四海公司"又不愿在没有资助的情况下出书，便把稿子退还。对此，他又懊丧又生气："如果他们要的是一本叫人难忘的书，我以上帝的名义发誓写一本。"

事实上，1923年，他不过是看小说、改诗歌，什么都没有发表。翌年春，在菲尔·斯通的敦促下，他把《大理石牧神》寄去了。

"四海公司"仍要他投资，这次他同意了。

1924年12月，他正式出版了第一本书，献给母亲。

7. 玩忽职守的邮政所长

1921年春和初夏，福克纳用"印刷体"写了另一部书，叫作《春日憧憬》。埃斯特尔即将第二次回到牛津，他得有诗，散步时朗诵给她听；也要有书，分手时相赠。写作相当顺利，但到夏天将逝时，他又变得坐立不安、百不称心，突然觉得生活和诗歌显得陈旧不堪。

这时，斯塔克·杨提出帮他在纽约找工作，他同意了。秋天，他住进格林尼治村，并在第5街和43街路口伊丽莎白·普劳尔经营的德布尔蒂多朗书店打工。

他很喜欢卖书这差使，并且干得颇不错。他还喜欢逢人便讲些"生活中的阴惨的故事"，甚至拄着拐杖走路，跛得让人看见，制造在战争中光荣负伤的英雄形象。有些人对他的印象是：他酒量大，战争中头、腿和臀部受过重伤。

他喜欢置身于画家和作家中间，感觉到他们的存在，也感觉到自己的无名和孤独。目前，他作诗越来越少，写小说越来越多，可是不久又发现此路不通。

没过几个月，他就心烦意乱地回到牛津，找了一份谁也想不到的工作。

这一半是斯通出的主意和鼓励。斯通不放心让被监护人远离自己而接受外人的影响。他为福克纳谋得大学邮政所长一职，并劝他接受。后来斯通说过："是我强迫比尔接受这份工作的，他本人不太愿意。结果他成了世上最糟糕的邮政所长。"若说斯通的撮合别有用心，福克纳的顺从则不知何故。

他的弟弟默里说："他对信件从来不感兴趣，从不看信，怎么会被任命为监管别人邮件的人呢？"

此时，福克纳已经24岁，同父亲的关系虽然有所缓和，但并不愿意靠父母养活自己。战争结束后，他归来已有三年，却毫无迹象证明可以靠写作谋生。他觉得，管一个邮政所，既可以养活自己，又可以自由支配自己的时间，何乐而不为呢？所以，他欣然同意了。

但事实证明，福克纳是个糟糕的邮政所长，工作做得一塌糊涂：邮局无固定营业时间，信件无故延误或丢失。而且，福克纳的态度也招来许多不满：他对朋友肯通融，对熟人有礼貌，而对催得紧的陌生人会很粗暴。起初，人们表示不满的方式多半还算客气，不过分认真：有一个学生刊物戏称这位邮政所长奉行"邮件绝不及时上架"的原则，工作时间是"周三11：20—12：20"。日子一久，人们终于忍无可忍，纷纷向官方反映。这样，官方也不能装聋作哑了，只好进行调查。

即便如此，福克纳还是做了3年邮政所长。3年下来，他已攒了些钱，不久还买了一辆汽车，这样更便于同菲尔或偷偷地带女人出去游玩。

然而，邮政所的矛盾日深一日，越来越多的人开始瞧不起这位"窝囊伯爵"，即使他出了本书——《大理石牧神》也无济于事。

1924年9月，福克纳收到对他的起诉，控告他玩忽职守、怠慢顾客、糟蹋邮件。他知道条条"罪状"属实，加上他本来就不太喜欢这份工作，只求脱身，所以便静候调查。

视察员来访时，福克纳求之不得地说："我知道自己这辈子怕只能听候有钱人的使唤，但是决不会再去伺候那些买二分钱邮票的杂种。"

也许是因为同视察员有交情，也许是由于福克纳家族的声望，视察员对福克纳还算客气，允许他主动辞去邮政所长之职。

对福克纳来说，牛津已毫无留恋之处，连埃斯特尔第三次归宁也留不住他。

此时，他已经27岁了，时间不等人，他需要变化，需要志同道合的人，需要不讪笑"他正在努力做的、无论多么傻的事"的人，更需要不那么细致入微地指导和各式各样的听众。

8. 职业作家生涯的开始

1924年秋天，四海公司准备出版福克纳的《大理石牧神》，为此他写了一篇短短的自传。这篇自传可谓平淡无奇，但是有必要对两点提起注意：第一，自传中没有提起父母，只是称自己是南方邦联军上校、《孟菲斯的白玫瑰》和《欧洲掠影》等书的作者威·克·福克纳的曾孙；第二，把密西西比说成是出生地和度过"童年和青春"的地方，把牛津说成"目前的寄居地"。

实际上，福克纳已经下意识地把曾祖父当作自己的偶像和学习榜样了，他极力把自己的身份和曾祖父挂上钩。不仅如此，他的行动也极力与曾祖父保持一致，他把姓氏的拼法统一成Faulkner，就连去欧洲的计划也要尽量与曾祖父当年的路线保持一致。他在介绍自己的时候，着重把军人、作家、出生在密西西比这三个要素说得清楚明白。正如曾祖父一样，福克纳的欧洲之旅两度推迟，这似乎是有意而为，好与曾祖父的经历更加相似。

他把自传交给四海公司后，就辞掉邮政所长的职务，赋闲在家。一闲下来，他的思绪又开始游移不定了，似乎有不安分的因素在牵引他。他仍然同菲尔·斯通这位故交兼非正式文学经纪人保持联系，也愿意同婚姻濒于破裂、常住娘家的埃斯特尔继续见面。不过，他更愿意远走他乡，去过一段自由自在的日子。这个"他乡"就是欧洲，在欧洲的生活和工作设想时常在他的脑海里翻飞。当然，他的欧洲计划也只是短暂的，而不是一辈子背井离乡。菲尔·斯通更愿意让他在欧洲多逗留几年，以获得在牛津及美国所未得的荣誉，但他否决了这个提议——他只是打算离开牛津去呼吸一下新鲜空气。

1925年1月初，福克纳抵达新奥尔良。不久，他去探望在纽约书店打工时认识的伊丽莎白·普劳尔·安德森，几个月前去看她时，偶然遇到了她的丈夫舍伍德·安德森，两人相见恨晚、一见如故。不巧的是，福克纳到的时候，安德森正好外出讲学，要几个星期才能回来。福克纳当即在伊丽莎白家住下，如此，赴欧之行再次耽搁下来。

在安德森的帮助下，福克纳很快进入新奥尔良的作家圈子，人家当他是安德森的朋友，很友好地接受了他。福克纳施展他胡编乱造的本领，对人宣称在牛津一带生有私生子，还大加宣扬惨痛非凡的战争经历。尤其是他佯装跛脚，更让人们深信他真的在英国皇家空军服役时受过伤、立过功。

只在心里编造戏剧性冒险是绝对不够的，他一直需要夸张经历过的危险，"喜欢把事情说得煞有介事"。后来，他又对别人把新奥尔良的这几个月的日子吹得天花乱坠，比如怎样铤而走险贩私酒（其实完全没有那回事）。有时候福克纳固执得很，不给任何人面子，以至于偶尔得罪安德森和其他几位新奥尔良作家，不过并不影响彼此的关系。

在牛津的几年里，他同外界的关系很不和谐，甚至紧张到影响他的创作，同时他的内心变得越来越呆滞贫乏；而在新奥尔良，他有幸找到了所谓的"才思泉涌的动力"，并找回了创作《木偶》时那种志同道合的团结力量。

不久，他就全心全意地投入写作，其后几个月里就发表了几万字的文章。酒量大、牛皮大的人不少见，少见的是像他那样一早起来便写、成小时地写个不停的人。同他最接近的人只觉得他"文思涌流不息"。他仍旧怯生，好在每走一步都有菲尔·斯通和舍伍德·安德森介绍的人相助。

威廉·斯普拉林·约翰、麦克卢尔、朱利乌斯·弗兰德、汉密尔顿·巴索、莱尔·萨克森、罗阿克·布赖福德都同他交朋友。福克纳开始在《两面派》杂志上发表文章、诗歌，偶尔也投一些随笔。而且，这本杂志中不少文章正合福克纳的口味，在相当长的一段时间成为他重要的发表阵地。

《两面派》的销售量虽不大，声誉却蒸蒸日上，三年前曾刊登过福克纳的一首诗，叫作《肖像》，而后福克纳相继在上面发表了一首诗、一篇杂文和一篇散文。这是一个预告，此后一段时间里，福克纳不断有作品发表在《两面派》上。福克纳并不就此满足，开始向其他刊物投稿，很快《时代小报》上就有他的大作了。

此时的福克纳仍然把自己定位成一个诗人，充满雄心壮志的他开始酝酿一部诗集，这就是《绿枝》。罗伯特·弗罗斯特的诗歌在英国遇识者而成名，因此斯通希望福克纳也能在欧洲赢得声誉。但从福克纳发表的作品来看，他当时还不具备这样的实力。他的评论和诗歌看起来没有什么进步，只是散文写得比以前更好了——这也许为他日后在小说方面的造诣奠定了某种基础。

写完一组11篇印象主义的独白《新奥尔良》并发表在《两面派》上以后，福克纳开始为《时代小报》写一组长而复杂的随笔。在这组随笔中，他尝试运用在新奥尔良学到的新的技巧，创作了新的题材、结构和人物。

从某个角度而言，福克纳并不是一个固执呆板的作家，他不惜从某些作家的著作中"摘抄"一些思想，拿来己用：他从1924年10月《两面派》刊载的朱利乌斯·弗兰德颂扬康拉德的文章中袭用了"永恒的真理"一语；从约翰·麦克卢尔评《大理石牧神》的文章中撷取了"崇高的失败"的意思；后来又从别人评《军饷》的文章中接受了虚构小说乃"想象、观察与经验的综合"的思想。这些思想，他不止挪用一次，还三番五次使用，以至完全内化为自己的思想。

在他当时写的随笔中反复出现几个人的印迹，其中约瑟夫·康拉德的影响比比皆是，似乎福克纳在重读康拉德。当时，新奥尔良的作家圈子把康拉德提出的"印象主义"作为热门课题，人人都在讨论它。福克纳常把时间颠来倒去、喜欢卖关子、偏爱讲精神或性格失败的故事，其中康拉德的影响显而易见。天资聪慧的福克纳完全领悟了"印象主义"的精髓，照葫芦画瓢地在严肃正经的小说中植入传奇有趣的情结。

有些随笔集中渲染反复观察或侦察等行动；有些则通过一个抱有同情但保持超然、置身事件发生的近处却和读者一样感到不解的说书人或旁观者。这宝贵的绝招成了福克纳日后创作的重要技巧，他在未来的创作中常常以旁观者的身份刻画故事情节。

1925年2月底，福克纳决定回牛津住几天，看看埃斯特尔，同菲尔·斯通谈谈自己的打算。欧洲之旅仍然是他的一块心病，但启程的条件尚不成熟。他又回到了新奥尔良，这次他计划写一部重要的小说，名为《军饷》。安德森和福克纳都忙于笔耕，但两人还是经常见面，有时在下午，有时在晚上。安德森的年龄比福克纳大一倍，当时已经赢得一定的声誉，写作技巧更加成熟老练，因此健谈的安德森可谓福克纳的良师益友。

福克纳回忆道："我们一起散步，他说我听。"晚上，"我们一起喝着酒，坐到一两点钟，依旧是他说我听"。两个人一起度过了许多轻松快乐的时光，常常见到他们一块画画、写作，他们还有个共同的爱好——吹牛皮。有时候，福克纳会把小时候听来的故事讲给安德森听，就此安德森还写了一篇《会见南方》。福克纳的得益要大得多：第一部小说得以出版，全赖安德森的帮助；安德森给了他各式各样的忠告；更重要的是，福克纳在急需学习写作技巧的时候，遇到了肯倾囊相授的学习榜样。

出于吹牛的共同爱好，两人合作创造了艾尔·贾克森——先是半马半鳄、然后变成半羊半人、最后变成鲨鱼般的东西，专门捕食在水里游泳的肥胖的金发女郎。从这次短暂的合作中，安德森看出福克纳的才气，并劝告他，要控制自己的才气，否则不能收放自如，反而写不出任何东西。

比安德森的劝告更重要的是他提供的榜样。安德森个子不高，因此对福克纳没有体魄上的威势。安德森的声誉日隆，正好可以做福克纳的导师；但他又不是个完美无瑕的作家，这正好使福克纳不至于畏惧他的强大。福克纳由衷赞慕安德森的《俄亥俄州瓦恩斯堡镇》和另外一些作品，包括《我是傻瓜》。

安德森是福克纳认识的第一位重要作家，也是他可以设法并努力赶超的一位小说家。自视甚高的福克纳尽管把安德森当作自己的第一位导师，虚心向他学习了很多技巧。但对于安德森的小说，福克纳放出大话称自己也能写出。

这点认识对福克纳至关重要。有些才子或天才很早便学会"对自己信心十足，尽管也会有怀疑的时刻"，有些则更加幸运，在其他人还没头苍蝇似的怀才不遇时，就已经得到重要人物的赏识，青云直上。约翰·济慈便是对自己信心十足的天才，因此在提出"重大问题"、试作"重大解答"时，对自己的思想感情深信不疑。

福克纳像济慈一样，早就看透自己的天才之处，他经常毫不遮掩地宣称自己是天才，迟早会出大名。有一次，他竟对一位女士这样说，惹得那位女士惊讶不已。甚至早在去新奥尔良认识安德森以前，他已相信自己是天才。经过了漫长的时间和磨炼，他对自己的才能已经完全深信。

其间，安德森给了福克纳极大的信心，使他更坚信自己是天才，也使他想把自己的情感倾注于笔墨的愿望更加强烈。多少年来，他一直朝着这样的信心和愿望靠拢。在几个月的相处中，安德森加强了这一认识，加快了他转向写小说的过程。

然而，在朝夕相处之时，二人渐渐产生了一些小摩擦。这主要是由于福克纳个人意志太强，往往不愿听从安德森的劝告，使两人的关系日趋紧张。后来，1926年中，福克纳和威廉·斯普拉林合写《舍伍德·安德森及其他克里奥尔名人》时，仿效海明威在《春潮》中的游戏文笔，拿安德森的风格开玩笑，虽无恶意，却伤害了这位一向与他为善的朋友。

两人都很敏感，也都很好胜。一个正在起步、欣欣向荣，一个却走在缓慢痛苦的下坡路上，师徒关系终究无法继续。在二人相识之初，安德森如导师一般指导福克纳，使他学到不少对今后写作大有益处的知识；往后的日子里，福克纳渐渐崭露头角，而安德森却要面临事业的迟暮之期。多年后，福克纳回首往事时称安德森为"巨匠"，是"我这一代作家之父"，这些话未免夸大了安德森的成就，然而也反映出安德森在福克纳成长中所起的关键作用，在福克纳创作第一部小说的时候，安德森对他的帮助是不可忽视的。

3月回新奥尔良后，福克纳继续写随笔，有了一些自己的读者，并挣了一些钱。然而，他的投稿之路绝非一帆风顺：那些知名度较低的刊物固然容易录用，但是一些畅销刊物（像《星期六晚邮报》）经常不买他的账，他接到的退稿一篇又一篇。他心急地想要早点收获荣誉，顺道收获钱财，因此为数不多的稿费让他心生厌烦。

伊丽莎白·普劳尔·安德森说得好："福克纳已染上不亚于其雄心壮志的昂贵嗜好，既要追求名利，又要忠于艺术，他要寻找一条既能出名赚钱又不致降格或败坏创作的道路。"

写《军饷》时的经验成为日后生活的一条组织原则：把零星时间和不少心思用来写商业小说，把天才留给艺术。1925年3至5月在新奥尔良时，这一方针意味着每天要工作很长时间。于是，福克纳马马虎虎写杂文，认认真真写小说，"上午、下午、往往直到深夜",伏案写个不停。

终于,福克纳用五个月时间写完了《军饷》。随后,他带着小说文稿回到牛津老家。

9. 在欧洲的写作生活

福克纳长久以来的心愿——去欧洲,终于在7月上旬达成了。在启程去欧洲之前,菲尔·斯通为他准备了一些作家圈子名流的介绍信,希望他能够在欧洲建立自己的声誉。福克纳并没有想拜见那些名家,为了不让菲尔的好意落空,他拿上介绍信登上了去往热那亚的轮船,正式开始他的欧洲之旅。

在旅途上的4个星期中,福克纳为《时事小报》写了几篇随笔,写过几首诗,扔入大海。在途经热那亚时,他舍弃其他交通工具,决定徒步去往浪漫之都巴黎。一路上,他走访了许多名山丽水。后来,在另一次徒步旅行时,他瞻仰了鲁昂的大教堂,寻访了高卢罗马时代的废墟,凭吊了贡比涅和亚眠之间陈尸50万的几个战场。在英国,他只作了短暂逗留,寻访了从马洛至狄更斯诸作家去过的咖啡馆,穿越了他认为同康拉德有关的肯特郡乡间。

福克纳似乎更爱巴黎。他花了很多时间追访故人的遗迹,参谒王尔德墓,去过西尔维亚·比奇的书店、"莎士比亚公司"和据说乔伊斯常去的咖啡馆。他结交了几个相交甚欢的聊天朋友,其中有几个学美术的学生和几个愿意教他学习法语的法国人。相对而言,对于生活在巴黎的美国人，他倒是不太热心。

在巴黎，他既喜欢同其他艺术家和作家在一起，也喜欢无人打扰、无人知晓——福克纳就是这样一个充满矛盾的人。在巴黎，他的娱乐活动不多，就是打打网球、划划船。他住在普通旅馆里，吃得也很一般，有空时就去卢浮宫消磨时间。

到达巴黎后不久，他便开始蓄须、开始写作：先是写诗、写随笔，不久便时断时续地写起《蚊群》来。《蚊群》是他的第二部小说，讲的是一群作家和画家的故事，其中的一个诗人叫作福克纳（他显然是把自己写进了小说中）。但是，在巴黎时，他并没有写完它，而是写写就搁在一边。然后，他另起炉灶，专心致志地写起一则关于画家埃尔默·霍奇的故事来。不过，这部小说也没有写完，在将近完成时，他又放弃了。

后来，他把其中的"人物、主题，甚至对话和形象"用在几部大相径庭的小说（如《蚊群》、《萨托里斯》和《野棕榈》）中。直到10年以后，他的成名杰作已经问世，但仍不能完成《埃尔默》这部书。

当福克纳成名之时，有人开始探寻《埃尔默》这部书写不下去的原因。原来，在《埃尔默》的故事接近尾声时，福克纳开始对它把握不住了。原因可能是这样的：埃尔默太接近他本人了（这本书可以认为是一部自传体小说），而当时的他对自己的今天和明天太没有把握，所以写不下去了。他起初对《埃尔默》倾注了许多心血，为此他还特意留起了长长的胡须，使自己看起来像个大作家。此外，他还为自己画了几张画像，虽然是用钢笔画的，但仍可见其用心之精。他仍然需要钱、向往成名，也知道选定一条道路后定能干出一番事业。改行写小说后，他开始找到自己的方向。然而，打磨自己的写作技巧仍需要花费时日。

《埃尔默》的语言中有不少地方对于当艺术家的冲动表示不理解，挖苦的语气反映了福克纳力图避免重蹈埃尔默毅力不足的覆辙的决心。但是，他也知道，写下的文字比弄姿作态、扮演角色更容易把自己的生活特征定格，他不愿意定型化，继续写下去的决心因之动摇。

不情愿地放弃自传体的《埃尔默》之后，福克纳一时又没有了写作的方向，满怀的信心顿时化为乌有。9月下旬，他离开巴黎去雷恩、鲁昂和亚眠，在亚眠度过28岁生日。回巴黎后，他得知波尼利弗赖特公司同意出版《军饷》，但仍定不下心来，因而前往英国。此时，福克纳开始想念家乡，已经准备打道回府了。

在欧洲的这段时间，福克纳除了增加了游历、尝试写了一些东西之外，几乎没有什么变化。不过，在欧洲有一个收获，对他而言可以说是个转折。那就是，他终于确定了自己将来要写小说而不是写诗的意志。当然，这一意志里还夹杂着忐忑不安，他甚至还怀疑自己是否适合文坛，因为将近而立之年了，他还没有做出一点成绩。

10. 第二次失恋

福克纳对埃斯特尔的爱情持续了几年之后，激情随着时间的流逝而消逝了。当他在新奥尔良逗留时，偶然结识了他第二个恋爱的对象——海伦·贝尔德。他重复和与埃斯特尔一起做过的许多娱乐，和海伦亲密地漫步于海滩之上，背诵喜爱的诗作给她听。他甚至撇下埃斯特尔，请菲尔帮他打《军饷》的文稿。

不久，他又写诗、编故事给海伦听。但是，谁也不觉得他讨人喜欢。福克纳的小个子讨不到任何人的喜欢，海伦虽然觉得和他在一起也不无乐趣，但是并不喜欢他的小个子。海伦的母亲讨厌他那身流浪汉的装束和邋遢的卫生习惯，觉得他倨傲而玩世不恭。为了摆脱福克纳的纠缠，贝尔德夫人带自己的女儿"逃到"了欧洲。福克纳又在新奥尔良逗留了几天才离开——这些都是福克纳去往欧洲之前的事情。

从欧洲回到牛津时，福克纳已是一个地道的蓄长须的文人了，他焦急地等待《军饷》出版。福克纳是一个受点鼓励就信心满满地人，在《军饷》成功出版的情况下，他自认为可以写商业小说。但事实并没有那么顺利，他总是开了个头就中途放弃了。不久，他便躲到大学生宿舍里去喝酒讲故事，有时一连几天不露面，也不通知父母。

紧接着，令他更加沮丧的事情来了：《军饷》的社会反响一般，远没有如他期望的一样让他名声大噪。事实上，福克纳的写作生涯就如《军饷》发表一样，反应平平的时候居多。虽然评论家都相当喜欢这本书，但买的人不多。牛津人感到愕然，他母亲认为是家丑，一向不关心他的父亲干脆说他永远也不会阅读此书，把书扔到一边就再也没有捡起来过。密西西比大学毫不留情地拒绝购买，甚至连赠书都不接受。

　　再在牛津待下去简直让他喘不过气来，新奥尔良也没有什么新鲜感了。此时，他无比想念他所爱恋的人，但不是埃斯特尔，而是海伦·贝尔德——他还想赢得她的好感，与她一起游泳、划船、散步、谈心。于是，他启程去帕斯卡古拉。

　　海伦年轻、活泼、聪颖，他喜欢朗诵诗歌、讲故事给她听。事实证明，福克纳已经移情别恋，把对埃斯特尔的迷恋转移到了海伦身上。今后，他为了使这份迷恋更显真实，专门为她写了两本书：一是《五朔节》，二是这一时期的十四行组诗《海伦：求爱》，并亲自誊抄装订送给她。1925年，两人在新奥尔良的邂逅似乎很随便，可福克纳对海伦的感情迅速升温。

　　从十四行组诗《海伦：求爱》看来，从见到海伦的那天起，福克纳对她的爱和思念就没有中断过，其中几首作于初见她之时的帕斯卡古拉，而后在新奥尔良又写了几首，旅欧期间也情不自禁地为她写诗。他感觉到海伦的母亲贝尔德夫人不喜欢他，也知道根本原因在于他衣敝囊涩。更为关键的是，与第一次恋爱不同，他所爱恋的对象本人对他也极为冷淡，显示出对他没有半点兴趣。这使他颇为伤心和苦恼。

　　福克纳在一封没有标明日期的信中回忆对海伦的第一个印象：穿一件亚麻布裙子坐在威廉·斯普拉林家的阳台上，"心眼里根本没有我"或许"早已决定不理我"。海伦并不像福克纳一样对爱情抱有天真的幻想，她更为现实，远大的前程和即将获得的舒适生活是她考虑结婚的首要因素。这一点很显然是传自她的母亲。再说，福克纳的身材和相貌也是令她苦恼的一个问题，使她联想到"一只毛茸茸的小动物"。

对海伦而言，福克纳简直无可取之处：他不富有、身材不魁梧、没有大好前程。就连他自诩拥有的文学天才，她也不当回事。福克纳赠送给她《蚊群》，她随手翻翻就再没拿起过，别人要看时，她劝人家别浪费时间。而且，她发现福克纳对写作的兴趣大于对人和对她的感情的兴趣：他为写作而活，生活古怪，整天拿着笔记本不知道在写些什么——也许他在写什么有趣的东西，可总不见他有什么出彩的作品发表。

福克纳追求海伦·贝尔德，对《埃尔默》和《蚊群》的写作意义非凡，他的求爱形式也有若干不同凡响之处。海伦一早就告诉他，他们不可能有未来。可是这并没有击退福克纳的热情，反而使他的热情高涨。他几次对她表白，几乎让海伦不耐烦了。在帕斯卡古拉第一次相会还未结束时，福克纳已看清等待自己的命运。他在《埃尔默》的故事里，把对海伦的爱情好好渲染了一番。他说："默特尔像星星，皎洁而高不可攀，尽管是尘世中人。"但越是高不可攀，就越使他着迷。

福克纳也一早就知道海伦不爱他的原因，这从《海伦》组诗中可以看出来。他在第五首中试图说服她的母亲，相信他是个忠贞而体面的求婚者："不，夫人，我要告诉你，我爱你的女儿。"在第六首中为自己的体魄辩护："我的体魄？我的体魄是狂热、喧嚣的苦恼。"接着，他试图在她母亲心中唤醒她旧时的情和欲。福克纳明知道前路并不光明，仍然执意向前，他在某几首十四行诗中，和《五朔节》的题词一样，把自己的求婚和写给海伦的诗看作"在黑暗中瞎摸索"。

海伦的聪慧也许是福克纳着迷的原因之一，在同他相处的时日里，她观察到他的几个特点和习惯：福克纳以缄默静止为创作的前奏，跳出自己的生活，一路记下见闻杂感。他用情有两面性：刻意培养感情是为了改造感情；明知其不可得更觉非要她不可。最终，海伦还是坚决地拒绝了他。

福克纳再次遭遇失恋，简直悲恸欲绝，甚至一度认为自己不会再爱上任何人。他仍然给海伦写信，其中表露的痛苦令人印象深刻，那种痛苦和要求再度出现在10年后写成的《野棕榈》中——《野棕榈》的女主角夏洛特·里登迈耶身上有海伦·贝尔德的影子。

海伦对别人说起过福克纳的求爱，但明确地说，他的魅力远远不及其他几个求婚者，甚至连她的哥哥也不及，最后宣布打算嫁给盖伊·莱曼，断绝福克纳的痴心。这是1926年夏天的事（1927年5月，《蚊群》出版后一个星期，他们便举行了婚礼）。

在后来出版的小说《蚊群》中，人们可以看到福克纳和海伦对彼此的感情。不仅如此，新奥尔良和帕斯卡古拉的其他人士，包括舍伍德·安德森在内，都出现在小说中。

第三章　探索之路

1. 重回牛津

1926年9月，写完《蚊群》之后，菲尔一家离开了帕斯卡古拉，留福克纳一个人做一些最后的修改工作。当时，福克纳仍没有从失恋中恢复过来，他需要时间和空间整理感情。于是，过了几天之后，他才回到牛津。菲尔·斯通帮他准备打字稿寄给波尼利弗赖特公司。波尼利弗赖特公司惊讶于小说中对性变态和同性恋的露骨描写，坚决要求删除或重写，否则不予出版。

第二年4月发行前，福克纳已回新奥尔良访旧，并同威廉·斯普拉林合作写《舍伍德·安德森和其他克里奥尔名人》。这部书是他第二次离开新奥尔良时的作品。在写作此书的同时，他还开始写另外两部作品。他请了几个画家为这部作品添上几幅漫画，还煞有介事地仿照安德森的旧作写了引言。此后几年里，他依旧心神不定，不断搬进搬出牛津，但几乎已有了重回牛津居住和工作的思想准备。

回到牛津后，他常去原来的树林里散步，烦躁得实在难熬时便独自去新奥尔良，或者同菲尔·斯通一起去孟菲斯。在牛津，他见到了回娘家的埃斯特尔——她和丈夫的关系一般，据说离婚指日可待。埃斯特尔有时向他诉苦说，她再也无法忍受这痛苦的婚姻了。

福克纳知道她比以往任何时候都需要他，更把所有希望都寄托在他身上。有时，他觉得她很亲近，几乎和从前一样。如此下去，两人似乎达成一项默契：埃斯特尔离婚后将要和他结婚。

但是，福克纳其实并不十分肯定愿不愿意娶她为妻——他忘不了海伦·贝尔德，因此六神无主。于是，他不时出入牛津，找其他女人。

后来，情况有所好转：他在牛津安定了一段时间，并且开始着手工作。4月底，当《蚊群》出版时，他已完成和斯普拉林合作的《舍伍德·安德森和其他克里奥尔名人》一书；并为埃斯特尔的女儿维多利亚写了一篇童话——《愿望树》，而且亲笔誊抄并装订；同时，还有两本书也在进行当中。在一部小说即将出版、短篇故事有了读者、新书写作进行顺利的情况下，他兴致很高，失去的信心又回来了。

战争结束后的几年里，他发现自己的命运"将是不断地写书"。去新奥尔良加入到作家圈子之后，他进入了作家的角色。他热爱写作，即使在欧洲，他也没有爱上别的东西，还是不断地写。他更具体地发现，那样的命运意味着什么，于是逐渐把握自己对艺术的暧昧感情。

但是，他既要"用大理石或声音在画布上或纸上赋梦以形，又要有自己的生活"。他和他的梦一样没有形，和它一样需要有形。他说："我不过是一团无定形的湿泥巴，走出痛苦，哭哭笑笑，努力奋斗。"

有时，福克纳在写作中也经历着彷徨和不安，他想献身艺术，但不知道"只能把自己的感情和经历当作写作素材，而不是把写作当成写自己的感情和经历"。在写作埃尔默的故事时，他已犯过了这样的错误。有时，他觉得自己的创作是被逼的，而不是发自内心地想表达情感。他也发觉小说的天地更适合畅游，小说比诗歌更开放，创作小说比创作诗歌更可能有所作为。

回牛津后有事情做，有创作源泉，又有钱财的压力，福克纳几乎立即投入生产。2月中，他写信给霍拉斯·利弗赖特说："我正在同时写两部作品：一部是长篇，一部是写家乡镇上人的通篇故事集。"福克纳把自己的计划告诉斯通，说一个创作计划是"以南方为背景"，操作一部写一大家子"典型的白人渣滓"的喜剧故事；另一计划是"贵族门第、豪侠尚义但是命运不济的萨托里斯一家的故事"。

在此后几个月中，福克纳又去游历了几个地方，穿过原名为约科纳、到后来称之为约克那帕塔法的地方。

2. 写诗与写小说之差异

诺思罗普·弗赖曾指出："写诗需要很大意志力，但一半的意志力必须用于放松意志，使写出来的东西像是信手拈来。"从事实来看，福克纳的小说比诗歌更容易让人接受。虽然目前他的小说籍籍无名，但创作小说比创作诗歌更能带给他快乐——这和他从小爱听人讲故事、爱给人讲故事是分不开的。他在《坟墓里的旗帜》中，开始大力借用青少年时期听到的陈年宿话老故事。除了回忆他脑海中积攒的从各路人士那里听来的故事外，他还回头重读早年读过的一些著名作家（包括塞万提斯和莎士比亚）的作品。

他没命地阅读了19世纪末的许多作品，并心思细腻又极富天赋的学习了很多写作技巧（从他的诸多作品中都可以看出19世纪末的作家对他的影响）。

其中，福克纳更注重对自我的认识，在重读19世纪经典作品的时候，对其中表露的问题，他视而不见，只关心自己对那些问题的认识的深度，甚至关心哪些作家最使自己爱不释手。后来，他自称喜欢威廉·莎士比亚的"蹩脚的双关语、蹩脚的历史故事"和不高雅的趣味，而不喜欢沃尔顿·佩特的纤巧工整；再往前，他也认真读过巴尔扎克和狄更斯的作品，对二者做出的成就深感佩服，认为他们真不愧为伟大的小说家。

在《亚伯拉罕神父》和《坟墓里的旗帜》中，他明显表现出19世纪虚构小说背后的重要动力：对于难以证实和把握的历史事实，他不惜借助丰富的想象力加以创造，使枯燥的事实变得生动有趣。

福克纳早年阅读的文学作品和听过的故事增强了他在生活中养成的双重爱好，使他既热爱现实又热爱想象。这对于他的小说创作有百利而无一害，他大加发挥利用自己的想象力，并确定了自己的一个原则：在小说中努力把握周围的社交世界，同时又展示内心的想象世界的自主力。相比之下，他对诗歌的领悟一直止步不前、毫无进展。

在后来的1953年，他写过一篇散文把舍伍德·安德森的局限性归咎于追求"完美"，也即"求纯、求精"。福克纳观察到，他的导师安德森常常花很长时间推敲用词，简直是煞费苦心，在他看来这完全没有必要，他称之为用词用声"有控制，甚至很拘束"。

如此形容安德森未必恰当，也并不说明福克纳在安德森身上看到了追求完美的危险。而且，他并没有看到自己也存在着这样喜欢控制的特点——他创作诗歌时也十分谨慎小心，甚至至死认为诗歌是纯"文学"，极其抽象。后来，他在1955年说："诗人写的东西是如此纯净、如此深奥，简直看不出作者是英国人还是日本人，诗人写的东西有普遍性。"

这样的观念，在他的诗歌创作中根深蒂固，以至于使他的诗作趋于平淡，只敢写一些表面的感情，用别人诗中用过的语言。他习惯借用别人的文字，起初只是权宜之计，后来成为回避的手段。修改诗作时逐渐呈现如安德森一般的追求完美的推敲。写小说时，他仍讲究技巧：他的手稿即使是一气呵成的（如《我弥留之际》），也能让人一眼看出作者不吝一切精益求精。散文写作是最轻松的文体，既不用像作诗一样反复推敲，又不用像写小说一样精益求精。

3. 一项伟大的发现

福克纳经常思考小说和诗歌的区别，有时候干脆把小说看成是自传。早在童年时代，他便想象自己是作家，后来才发现只有写散文小说才是他的天地。他还把自己定位成一个流亡者的形象，说自己是"一个流浪汉，一个一无所有、无害于人的游子"。多年以后，他把自己青年时代去欧洲和新奥尔良的经历大加渲染了一番，听上去倒像是流浪者的冒险故事。

这样的描绘虽然夸张了他的实际经历，但也说明他对不生根而漂泊的醉心。对他而言，故意把自己弄得楚楚可怜似乎是英雄的前奏，他把自己同雁群联系起来，在多个作品中描绘它们的孤独寂寞的飞行。后来在《我弥留之际》中，他又把艾迪·本德伦渴望自由和自我实现同幽渺中传来的"朦胧、高亢、野性"的雁鸣联系在一起。

流亡和寂寞的飞行渐渐成为他写作的主题和创作的源泉，也成为一种模式。不仅对他如此，对同时代的许多作家亦如此。流亡之于艾略特，意味着占领一个新的家园；对乔伊斯、庞德和海明威，则意味着占领一个又一个新的家园；对其他某些人来说，流亡意味着新的姿态和新的口音，意味着新的机会，重新谋划人生，就像重活了一回。

福克纳和许多其他作家一样，需要到其他地方汲取营养，获取创作的题材。他和安德森都是浪漫主义的拥护者，只有在想象的世界中才能生活得更好。这一信念使二人都喜欢荒诞不经的故事，把一些失败的作品归咎于缺乏丰富的想象力，把现代世界之所以死水一潭归咎于重现实轻想象，或者用安德森在《两面派》的一篇文章中的话来说，就是"没有予想象力以把玩现实的时间"。

不过，福克纳并不缺乏想象力。他那想象的翅膀似乎永远也不会累，而且，他太容易陷入想象中拔不出来。他比大多数作家更害怕纯粹的"自我陶醉"——他以前称之为对自我的"病态兴趣"。除此，他还容易陷入极度的自我欣赏，使作品更像自传（如《埃尔默》）。此外，他害怕抽象，害怕过分融入想象而使故事偏于真实，给读者带来虚无缥缈、不知所云的感觉。作为小说家，他不仅需要传说和故事，不仅需要自己的思想和欲望，还需要风土人情。

他描绘感情的时候，往往把自己作为参照，因为他对自己无比熟悉，容易写得真实。他对地方习俗和故事知道得越多，兴趣也就越大。他形容想象过程为"把真净化成伪"。前后联系起来看，他回归故土倒是返璞归真，有了真实的地点。在牛津，他继续着自己喜欢的运动，如网球、高尔夫球等，偶尔还会去打猎。另外，听故事和讲故事也是他的常事。有时，为了生存赚钱，他还会找点油漆房子的零活干干。

对在家乡的生活，他是比较矛盾的——时而喜欢时而厌倦。总之，他永远没有安分的时候，高兴时，参加镇上的社交活动；不乐意时，就蜷缩在房间里进行构思；需要了解牛津的琐事时，就深深陷入；一旦感到反感、沉闷、无法忍受时，便抽身遁入他的一个兄弟所谓的"乌有之乡"。

福克纳在新奥尔良和欧洲尝试着写出的故事，大多取材于农村和他熟悉的南方。但在回牛津后开始的写作计划中，他却力求写出他的想象世界和他永远不能完全接受的现实世界之间的异同。想象的世界，是他觉得应该存在的世界，某种意义上是如天堂般快乐的世界，但是这个世界仅仅存在于想象中，他只能在创作中去感受，而不能真正地触摸到。

和罗伯特·弗罗斯特笔下的"荡桦树枝的男孩"一样，福克纳时常梦想"向天堂"走去或爬去，有时候这种梦想过于深沉，以至于他害怕陷入这样的冥想中不能自拔，最后把他吞没掉，再也不能回到现实中来。因此，他的更深层、更全面的梦想是"去去回来"。他的两个世界似乎都不仅包含生活的许诺，也包含贫困乃至灭绝的威胁。因此，他只能在摇摆中求机会。

在某种意义上，想象的世界是一个避难所，是一个疗伤的地方，在现实中遭受的困顿和痛苦拿到想象世界中就会化为乌有。想象的世界召唤他作想象的高飞或俯冲，带给他和谐与控制；现实世界召唤他去寻欢作乐，使他看到复杂的变化。对此，他体会最深的是：生活和艺术都需要高飞，也都需要寻欢作乐。唯此，他才能使作品在现实的基础上充满想象的神秘魅力。

在摇摆中，福克纳找到自己的艺术真谛：创造便是显示现实生活的形象，经过"应该怎样"的生活的提炼。他曾在维拉·亨丁顿·赖特著的《创作意志》一书中找到艺术家的定义——"撷取他那特定世界、特定色彩或文献的精华，用以创造一个新世界"的人。他追求的艺术是：立足于真实存在的现实，利用想象加以整顿，用形式去促进情节进展，最后创造一个不同于现实又不脱离现实的世界。

但是，纯粹经过提炼和净化的世界，福克纳并不感兴趣——那样的世界太简单，充满"称心如意"的东西，反而显得单调乏味。他认为说得确切些，创造的形象还必须能唤起并把握一切：像"提炼"一词含有"深化"和"拔高"的意思；像"净化"一词含有执行和完成不能做、不准做的事。

福克纳准备走的下一步使他不仅接近一整套复杂的传统，还接近更深层的意识；不仅找到陈年宿话老故事，还找到埋藏的回忆和欲望。从安德森身上，他懂得了这样的道理：要按照本色（即天生的样子）来当作家。如此，才能写出真正具有个性的东西，而不是千篇一律的雷同作品。

懂得了这些，福克纳继续热切地工作。一个个人物、家族和社

福克纳传

063

会开始活灵活现地跳跃于纸上,场面和情节开始衍生,速度之快使他的想象力疯狂地从一种可能跳到另一种可能,不断地有所发现。每一篇作品、故事都各有不同,让人称叹想象之神奇。但当读者看完他所有的作品以后,不难发现,故乡成了他创作的源泉,他的大部分故事都可以看出故乡的痕迹。虽然福克纳时常想逃离故乡去做个流浪者,但其作品却离不开他的故乡。

他后来回忆道:"我发现这块邮票大小的故土值得一写,活得多长,一辈子也写不完。而且,把'真'提炼成'伪',就可以让我充分发挥才华,开掘一个金矿,创造自己的宇宙。"福克纳曾经很认真地描绘过一个自然呈现在他脑海里的地方,它的历史和今天都清晰可见,他称那是自己的国度。他不仅想象,还实实在在地下笔描绘创作。

4. 一生最阴暗的时期

福克纳信心满满地开始创作《坟墓里的旗帜》,他满怀信心地以为这将是可以让他名声大噪甚至名扬世界的作品。写着写着,他发现以前听到过、见到过和感受过的一切突然探手可得:既倒霉又光辉的过去、自顾自地个人和家庭、纠缠不清而命运多舛的祖先和后裔、纠缠不清而命运多舛的两大种族、纠缠不清而命运多舛的两种性别。

1927年夏,他想换个地方待待,于是启程去帕斯卡古拉。在那里，他劲头十足地写作，等待着大作的诞生之日。

1927年9月29日，在30岁生日前4天，他终于完成了这部小说。初稿整整有600多页的手稿，他充满信心地准备再看一遍。他兴致勃勃地写信给他的巴玛奶奶，说书已写完，打算回牛津去住上个把月，给人油漆招牌。他又写信给霍拉斯·利弗赖特说："大功已告成"，要预支些钱，同一位女友出去研究生理"。他甚至精心设计了封面。他深信出版此书的出版商绝对会因此大赚一笔，因为他觉得这真是一部旷世难得的上佳之作，就连书名他也越看越喜欢，越想越觉得再合适不过。

11月底，他收到波尼利弗赖特的信，第一句话便是"我衷心感到抱歉"，接下来便开门见山地拒绝福克纳满心以为会带来畅销和好评的小说。出版商的回信，犹如一座巨山压倒了福克纳对小说抱有的期望，连同上两次，一连三次的平庸反响把他逼到了绝望的边缘，他的事业似乎再也不能见到光明了。

福克纳快乐的心顷刻间坠落至谷底，他认为此书是自己创作的一个高峰，而出版商却认为是一文不值的拖沓之作。反差之大，使他不得不心寒战栗。虽然利弗赖特声称继续对福克纳感兴趣，但是话很尖刻，甚至建议他"别再找人出版"，以免叫人为难。

此信带来了福克纳一生中最阴暗的一个时期。他不得不重新考虑自己之前坚信的道路。他给利弗赖特的回信，表面上还是显得信心十足："太糟糕了，你不喜欢《坟墓里的旗帜》。可是我仍认定它是为我奠定作家声誉的一本书。"在此之前，他完全没有想到惨败的结局，早已把预支的稿费花个精光，他请求延期归还稿费，并要求把稿子寄还给他。他还在酝酿两部作品，一部希望春季能完成，另一部要三四年后才能完成。他询问不知波尼利弗赖特是否有意出版其中一部，同时准备把《坟墓里的旗帜》投寄另一位出版商试试。

事实上，失败带给他前所未有的痛苦，如果说前两部作品只是带给他失望，那这一次就是绝望。他无法理解别人怎么能不喜欢自己的呕心之作。这使他十分困惑，定不下心来写作。

12月份，福克纳收到波尼利弗赖特的回信和退稿，回信中称，愿意等待明春完成的那本书。

但是，福克纳无法投入全新的写作，他不敢下笔，并开始怀疑自己的才华——这真是无比痛苦的事情，简直是一个作家的毁灭。为了避免同一则故事重复投寄同一家杂志，他仔细地登记寄出的故事和收到的答复。从记录可见，投稿后全部石沉大海。

反反复复的退稿，使他对自己的才华越来越怀疑，甚至有过放弃当作家的打算。他需要帮助，于是向本·沃森求援。沃森在密西西比州格林维尔做了几年律师后迁居纽约，在"美国戏剧公司"为李伦·海沃德工作——这家公司不仅出版剧本，也出版小说，沃森为公司自由撰稿。本·沃森是一个精明能干又很乐于助人的人，福克纳找他真是再合适不过了。他满心希望沃森能够帮他发表一些短篇，减轻他的失望，解决他的经济危机。

短篇一股脑寄走后，福克纳打算修改《坟墓里的旗帜》并开始写新的长篇。

在1928年的头几个月中，福克纳时而努力修改《坟墓里的旗帜》，时而为了生存而打些零工。在打零工的时候，油漆工是他最常拥有的职业，大楼圆顶、房屋招牌、乐器等等，他几乎都刷过。

当然，他偶尔也会写几个短篇。有一次，他还抄制了一本《愿望树》送人，对一个"不幸的儿童表示同情和怜悯"——这个孩子身患癌症，已经奄奄一息。有了手抄本，孩子的父母就可以随时讲给她听了，因此一家人都很感谢他。

可是，不论是写作还是打零工，都无法解除他的烦恼——《坟墓里的旗帜》失败的痛苦让他久久无法释怀，更使他陷入茫然之中。

同时，他也非常清楚，自己不能在此刻消沉下去，而必须想办法渡过难关。欠波尼利弗赖特的钱始终是桩心事，人家虽然没有催促他，但他已经不好意思再拖欠下去。于是，他便写信给那边，说自己正在想办法发表短篇，稿费一到就还钱。他说："……否则，不知怎么办才好。我现在有一肚子的写作素材，你们出版商又偏偏认为上次寄去的那本书胡说八道。看来我只好卖掉打字机去打工了——虽然上帝知道，浪费才华，搁起来不用是罪过。"

其实，从确定自己的天职就是写作并开始不停写作的那天起，他就对写作产生了根深蒂固的爱。他虽然嘴上说放弃，但心里还是舍不得。所以，他决心要振作起来。

他又写信给巴玛奶奶说："我几乎每天烧掉一些，重写一些，到现在几乎前后连贯不起来了。"一直没有作品发表，他心急如焚，只好请圈子里的朋友指导他的写作，请朋友帮忙修改短篇，但这一切努力似乎无济于事。

最后，他决定重新把《坟墓里的旗帜》打字誊清，寄给本·沃森。

沃森愿意帮助福克纳。为此，他不辞辛苦地找了一家又一家，最后找到公司的一位编辑，名为哈尔·史密斯。史密斯读后很喜欢，哈库布雷斯公司决定出版此书，但必须经过删改。在史密斯的监督下，本·沃森给稿子大动手术。在没有作者福克纳本人参加的情况下，他删去一些斯诺普斯的材料，并大段大段地删掉本博的故事，从而把福克纳得意的书名变成了《萨托里斯》。

删节后，福克纳题词："献给舍伍德·安德森，是他的亲切关怀使我得以出版我的第一本书。希望这本书不致使他后悔对我的提携。"

1929年，经过大手术的作品终于面世。福克纳衷心感谢沃森的帮助，同时认为之前受到的折磨都过去了。

至此，失败似乎告一段落了。福克纳小心翼翼地把精力投入到另一部小说中。这就是他从1928年就已经开始创作，并且后来名震世界的《喧嚣与骚动》。

5. 保密的创作

在所有小说中，福克纳对《喧嚣与骚动》倾注的心血最多。写作此书不仅重新予以他生活的目的（"第二天早上起来有事做"）和希望（"相信它是实实在在的工作"），也予以他一种"具体的、生理的但又朦胧而难以描绘的感情"。写作时，他体验到狂喜的感受，特别是"热切、快乐地相信笔下的白纸不会辜负或破坏他的期待"。

不仅如此，福克纳还达成了自己一直的愿望，那就是"组成这个世界的种种司空见惯的偶然——爱、情、生、死、性与愁——以完美的比例合在一起而呈具灿烂永恒的美"。这个愿望是他在《蚊群》中想达到而达不到的。

在随后几年中，他一直把这部（他的第四部）小说说成是伟大的失败，是他的理想的不完美的实现。为了求得十全十美的圆满，他不断要求自己，不要放弃努力。

福克纳对《喧嚣与骚动》的爱，可以从一封信中看出，他曾写信给马尔科姆·考利说："作为个人，（我）希望从历史中除名、取消。"他要自己的著作成为他的生命留下的唯一痕迹。这些话说明，他多么希望自己的作品得到世界和历史的承认啊！并且他认为，真正的他是以不同方式：既朦胧又明确地表现在虚构小说中的自己。在这层不寻常的意义上，他的小说带有深刻的自传性质。

他的一个兄弟曾经写道："我看从来没有人像比尔那样把自己和著作等同起来，有时简直分辨不出哪一个比尔是他本人，哪一个是小说中的人物。然而，你却知二者是同一个人，是不可分割的一体。"福克纳知道，人物、"那些阴影般、但是栩栩如生"的形体正是探索、投射和表现他的公开生活和私生活的媒体。至少有过一次，他动情地问："究竟是我创造了小说中的世界，还是小说中的世界创造了我？"

《喧嚣与骚动》的主要人物是凯蒂，福克纳对这个人物的刻画颇下了一番功夫，就像是精心培育自己的亲生孩子一样。福克纳需要从侧面写凯蒂，需要把这部小说称作一系列半途而废的不完美的行动，使它同整个复合体挂钩。后来，他在接受记者的访问时说，

《喧嚣与骚动》是值得一读、值得认识的，越是这样的东西，就越要充分酝酿，不能轻易地让人领悟到，否则就失去了它的魅力。

但是，强调间接和不完美也是一种策略，借以走近禁区、说禁说的话和做危险的事。对埃尔默·霍奇来说，他的姐妹佐爱蒂和她身后的"朦胧的女人、朦胧的母亲"就是"他思想深处的朦胧的形体"，是他既害怕又渴求的一切东西的核心。由于"做那唯一能令人满足的行为"不仅有危险而且遭禁止，因此既不能成为他的目的，又必须成为他的目的。埃尔默的生活和艺术成了粗陋的模拟手段。

《喧嚣与骚动》则相反，其中不仅有揭露，也有相当的隐藏、回避、取消和拖延。予以她表现机会的作品同时也予以她庇荫甚至私密性。福克纳认为，从正面描写必然充满局限性，侧面则更加广阔、更富激情。对他来说，欲念和犹豫几乎触及一切，使他的想象既是影射又如幻觉，使他的艺术与推论和猜测的艺术密不可分。

福克纳完成初稿的时候，已经是1928年9月，这次他自己负责打字，谁都没有告诉，他也没打算要出版，但是要自己装订成册。9月末，他收到一纸《萨托里斯》的出版合同。被波尼利弗赖特出版社退稿的那部小说，哈库特布雷斯公司准备出版，至少出其中的一部分。

去纽约之前，福克纳把《喧嚣与骚动》的初稿和未完成的打字稿也装进了包裹。他有一笔300元预支稿费可以过日子；他有莱尔·萨克森、比尔·斯普拉林和本·沃森等朋友家可以去拜访；他打算在纽约继续打完《喧嚣与骚动》。

到达纽约之后，他在莱尔·萨克森的公寓里住了几天；后来自己租了一个房间，方便他秘密打字。本·沃森删改《坟墓里的旗帜》时，他修改《喧嚣与骚动》。其他书的修改他从不怠慢，这本书更是倾注全力，力图把它修剪得近乎完美。有时，朋友们一连几天看不见他的人影。修改时，专注和深情丝毫不衰。他后来说："我干得太卖力了，甚至怀疑自己会不会把不该写的也写了进去。"这也说明他对出版萌生了希望。即便如此，一向爱吹牛的福克纳这次却谦虚起来，对朋友们说不抱出版的希望。

他写信给巴玛奶奶说："这是我读过的书中最糟糕的一本，恐怕再过10年也不会有人愿意出版。"然而，从他认真的修改来看，他仍然秘密地抱着出版的希望，也许他那时候在想，如果这部书再不能弄出点名堂，那么他将永远放弃写作。他增加了斜体字段落，表示时间上的跳跃；又增加了一些补充说明的段落；同时把影射点得更清楚。

修改完毕，福克纳在打字稿上注明日期"1928年10月于纽约"，然后交给本·沃森。这场持续时间很长的秘密创作就此画上了一个句号，至于这个句号圆不圆，还得等出版了再说。后来他说："我写《喧嚣与骚动》可谓呕心沥血。"起先他很兴奋，对本·沃森说："朋友，你读读这部稿子，真不错。"

福克纳充分发挥了天才的想象，同时也挖掘了自己的内心，把想象和内心的真实情感注入《喧嚣与骚动》，几乎使他难以从作品中回到现实。他害怕辛苦到达的终点，害怕"切断供应，堵塞源泉"。也许像普鲁斯特和里尔克一样，福克纳知道"大功告成的感激"意味着沉默，也许不只是沉默，还有退稿和惩罚。

在写作《喧嚣与骚动》期间，他牺牲了很多社交活动，朋友们对于看不到他也司空见惯。一天晚上，两个朋友——吉姆·迪瓦恩和雷恩·斯凯尔斯——路过他的住所，发现他人事不省地躺在地上，身旁撒满了空酒瓶。两个朋友及时照料他，使他很快苏醒了过来。喝得不省人事，在他的身上时有发生，到他生命的最后几年更是变本加厉——有时几乎无缘无故，有时由于接到痛苦的任务或者处境不愉快，多半发生在长时间写作以后，就像这次的保密创作。

他可以重新提笔以后，在迪瓦恩、斯凯尔斯和另一个朋友三人合租的公寓里住了几天；后来，他搬出去同一个叫雷恩·克伦普的画家同住。他已过够了孤独的生活，两人一起在房间里工作，其乐融融、快乐无比。福克纳对《喧嚣与骚动》能否出版始终感到忐忑不安。好在波尼利弗赖特已同他解约，哈库特布雷斯已宣布要出版《萨托里斯》，他如今有了一个忠实的朋友——本·沃森和一个愿意帮助他的知音——哈尔·史密斯。

福克纳在等待出版的日子里，也想到了赚钱的事，于是开始写短篇故事。《喧嚣与骚动》没完成之前，他一段也不读给别人听；如今，他白天写，晚上便把写下的东西读给朋友们听。有些故事写战争，有些记他的欧洲之游。有一篇叫作《在我弥留之际》的，很受朋友欢迎，日后也很出名，但当时却找不到人出版。

福克纳希望在离开纽约之前能卖掉几部短篇，便请沃森介绍几个出版商。但是，他的短篇遭到了冷遇。他原想留在纽约，等1月份《萨托里斯》出版后再走，可由于圣诞节将近，而钱也快花光了，他只好改变主意，提前离开了纽约。

6. 冒险的出版

福克纳回到牛津，依然担心《喧嚣与骚动》。还是没人出版短篇，他只能无奈地等待着。《萨托里斯》出版后不久，在1929年1月31日，他终于收到了出版《喧嚣与骚动》的合同。

阿尔弗雷德·哈库特把稿子压了几个星期后，决定让另立门户的哈尔·史密斯带走。因此，福克纳的第四部小说的合同是和一家新成立的强生·科普与哈尔·史密斯公司签订的。这家公司是他的第三个出版商，福克纳坎坷的写作道路上的幸运就在于此，总是有人愿意出版他的书。

出版《喧嚣与骚动》，对新成立的公司来说，是一项雄心勃勃的冒险。这本书不同于一般的书，有些古怪，其中的斜体字很难印刷。但是哈尔·史密斯很热心，聘请本·沃森为此书编辑。7月寄来校样，上面的内容全部经过改动：沃森删掉所有的斜体字，用空一行来表示时间的跳越，还毫不客气地东加点东西、西加点东西。

福克纳不买沃森的帐，他表示不希望作任何改动。于是，他细看校样，改回斜体，去掉沃森添加的文字。他写信给沃森说，斜体和空行一样有效，而空行不雅观；坚决不要别人插手动他的文章。他说："朋友，别在我的稿子上添油加醋……我知道你是好心，我也是。我涂掉了你加的2或3。"

1929年10月份，这部小说上架了，斜体字仍然存在，沃森的修

福
克
纳
传

改没被采纳。

小说顿时引起读者的注意，获得了如潮好评，就连苛刻的评论家（包括不太理解这部小说的评论家）也承认这是一部非同小可的小说。不幸的是，福克纳似乎和发财无缘：本应该销量很好的小说，却遇到经济危机，人们没有多少钱买小说看了。1931年中，初版小量地重印过两次，到1946年为止，销售总数始终停留在3000册上。

在2月签订《喧嚣与骚动》的合同、7月看校样的中间这段时间里，福克纳办了两件大事：一是写一部旨在挣钱的小说，二是同埃斯特尔·富兰克林结婚。

《喧嚣与骚动》加深了原有的为名利而写作的不安。没有这种见不得人的动机（既不为名更不为利）而创作时，他发现世上确有可以并且必须冠以"艺术"这一寒酸称号的东西。《喧嚣与骚动》可以说正是福克纳认为的艺术品，甚至是艺术杰作，在福克纳心中占据举足轻重的分量。

不过，他对名利的渴求从来没有停止过。《萨托里斯》的出版重新点燃了他成名成家的希望；他又把自己看成"出版对象"和"可能赚钱的作者"。这些为名为利的想法令他自己都鄙视，他试图控制这"邪恶丑陋"的念头，可是越抑制越深刻。

7. 圣殿

正如前面所说，福克纳的创作过程充满坎坷崎岖，从来没有一帆风顺过。他回到牛津，企图凭借短篇解决经济问题，但是邮递员带来的仍是含糊的鼓励和明确的退稿。福克纳生气了，内心的抗拒只能加深失败的委屈。他觉得再这样毫无结果地写下去，简直是糟蹋自己的才华；而糟蹋才华而写成的作品还没有人买，更觉倒霉。

他一直笔耕不辍，写的多发表的少，赚的钱连自己都养不活。再过几个月，埃斯特尔的离婚就要批下来了——他拿不准自己是否真的愿意同她结婚，但肯定不愿意借钱结婚。长篇小说是出版了，总算给他一些安慰，但是赚钱的还是短篇，他得想办法出版才行。

福克纳决定写一部"能赚钱的小说"，只要哈尔·史密斯肯出版就行。于是，他1月下旬动笔，并于5月下旬完成了一部小说，取名为《圣殿》。他为自己"为了赚钱"的写作动机感到耻辱，认为它卑鄙可耻，因此不会产生杰出的作品，他对外也宣称这部小说不是佳作，甚至影响到读者对它的独立评价。

"我想到一个可怕至极的题材，把它写下来，为了赚钱。"他还自拆台角说，这部作品难免不受动机的污染。许多读者在作者的引导下，信以为真：既然动机卑劣，书也必然卑劣。福克纳写作《圣殿》，与其说是出于伤害，不如说出于愤怒——对自己的才华不被重视的愤怒。这部为钱而不是为书本身而促成的作品，说它是福克纳笔下最悲凉、最刻薄、最野蛮的一部小说，也许不算过分。

福克纳开始写《喧嚣与骚动》时，信心不足，完全不知道最后会写成什么样子。开始写《圣殿》时，却是心中有底。虽然花了几倍于原计划"三周"的时间，但还是写得很快。从他潦草的手稿以及修改的痕迹上，都可以看出他如何急于完成，用心程度和《喧嚣与骚动》不可同日而语。但是，福克纳常常反复斟酌故事中的各个情节长达几个月之久，有时一字未写便已有了周密的腹稿。所以，《圣殿》虽然写作很快，但其中有些因素几乎可以肯定说是经过长期酝酿的。

举个例子：福克纳描写密西西比的黑社会，描写非法酿酒和贩卖私酒的情节，花了相当长的一段时间。他跟独立经营的"小私酒商"打交道多年，佩服他们的勇敢机智，甚至分享他们对"上流"社会的蔑视。再如：为了描写孟菲斯的黑社会帮派火拼，争夺对私酒、赌博和娼妓的控制权，福克纳参考了为数不少的作品资料。福克纳和菲尔·斯通多年来外出游玩时，造访过孟菲斯黑帮控制的路边酒店和夜总会。另外，他喜欢去里诺迪沃那类赌场，那里的顾客貌不惊人，却有不少流氓，可以获取不少素材。

福克纳善于观察生活，他了解农村的黑社会，据此创造了几个活灵活现的人物，包括他十分尊重的李·古德温和鲁比·拉玛。根据自己所了解的孟菲斯，他创造了从滑稽的丽芭小姐到丑恶的"金鱼眼"等人物形象。丽芭小姐的原型是孟菲斯一位红得发紫的老鸨，在他的最后一部小说《劫掠者》中还会出现。"金鱼眼"的原型是孟菲斯的大流氓"金鱼眼彭夫里"，在以前一篇没有出版的短篇《大亨》中出现过。

写作《圣殿》，福克纳看了很多侦探小说和黑社会小说，并从中汲取对自己有利的因素。他曾读写侦探小说多年，但仍要进行试验，尽管心中有简单明了的蓝本，他还是进行了不少的修改，而且删改了多次都不满意。在写作过程中，他有时候过于沉迷情节，以至于必须花费力气控制自己的愤慨。

《圣殿》发泄了对左右社会的政客先生和体现社会种种伪善的

中年妇女的蔑视。故事情节以"金鱼眼"残酷蹂躏少女坦波尔·德雷克为中心，反映出作者对女人的深恶痛绝。不论这种痛恨是同福克纳信中给巴玛奶奶提起过的一个浅薄女人有关，还是同埃斯特尔和海伦以前造成的创伤有关，或者是由于福克纳对莫里斯·宽德罗说起过的私生活的困难有关，小说中表现的痛恨的焦点和深度是有目共睹的：《圣殿》表现了对女人强烈的不信任，甚至毫不掩饰地厌恶。

以坦波尔为主的场景是那么紧凑，着墨不多，超然物外，几乎像是一个医生在诊病。这些场景写动作而不写思想感情，因此戏剧性极强——这显然是福克纳认为读者会喜欢的。但是，这些场景不乏独到之处，其中写荒淫无耻的地方令人叹为观止。在小说的发展过程中，已出现几种常见的堕落，从不老实的政客和酸溜溜的社会名流到刺客和妓女。但是，"金鱼眼"的不道德、阳痿不举和坦波尔的淫荡写得大胆而深刻，是一般作家没有勇气拿出来出版的。

福克纳多半时间"对女人极不信任"。一个纯洁少女从情窦初开到荒淫无耻，福克纳认为是最可悲的人类的堕落。坦波尔出现在《圣殿》中时是已破了身的年轻女人，她好奇地想知道会有什么后果。她喜欢出入宴会，走路轻飘飘得像跳舞，连她自己也不知道为什么这样调皮、风骚、爱挑逗。但大部分读者认为，福克纳给她安排的惩罚超出了她的罪过，未免太重。

《圣殿》完成前不久，他对菲尔·斯通说，自己终于认输了，"看来我写什么也永远不会赚钱，不会出名"。此时，他似乎已经预见了自己的失败，但仍没有放弃希望。5月初修改初稿打字时，哈尔·史密斯寄来一份新合同和一笔预支稿费。本以为不会出什么意外，没想到几个星期后，他收到的答复出乎意料，哈尔·史密斯写道："天啊！这东西可不能出版，我们两人都要去坐牢的。"

史密斯没有让福克纳退还稿费，对他的拒绝也很委婉，没有说任何怀疑他写作能力的话，但是他明确转达了出版社同仁读后的震惊，没有说一句鼓励的话。福克纳再次陷入《坟墓里的旗帜》遭遇冷遇时的失败和失望，只是由于有了上次的经验，他比较容易地接受了现实。这一次，他既不反抗也不装成有信心，甚至不要回稿子，改投别的出版社。他对自己说："你这下可完了。非一辈子打工不可了！"

第四章 婚后生活与创作

1. 成家

　　福克纳暂时放下事业上的烦心事儿，开始面对生活上的困扰。他必须做出选择：是否和埃斯特尔结婚。她的离婚已在4月中旬批下，他知道她在等他娶她。11年前他信心十足，现在却不太有把握。各方的态度各有不同：埃斯特尔的父亲认为福克纳已过而立之年，却仍然过着朝不保夕的落魄生活，他那自诩为天才的才华不知道这辈子能不能为他争得荣誉，老爷子不愿意让女儿嫁给他；而埃斯特尔想嫁给他，她的妹妹多萝西找他谈过，请他勿再拖延。

　　福克纳家人的意见却出奇地一致，每个人都不希望他和埃斯特尔结婚：母亲不能接受一个离过婚的、酗酒的女人做自己的儿媳妇；父亲和弟弟们都认为他应该先找份工作、赚点钱，再考虑结婚。福克纳没有征求过家人的意见，也不要听这些意见，因此决定置之不理。

　　双方家人的意见分歧还在其次，让福克纳最头疼的是他和埃斯特尔本身的问题。他们的感情显然没了初恋时的亲密和谐，福克纳对埃斯特尔的爱几乎消失殆尽了。但从情形看，再拖也无济于事，同埃斯特尔结婚势在必行。让福克纳打定主意的是，现在的情形和他的偶像"老上校"当年经历的如出一辙："老上校"第一次看见利西·万斯，就宣布要回来娶她。过了几年，"老上校"娶过一个妻子又生过一个孩子以后，终于回来娶她。埃斯特尔第一次遇见福克纳时也作过类似的声明。如今过了几年，嫁过一个丈夫又生过两个孩子，仍要嫁给他。

福克纳终于打定主意要结婚，他和埃斯特尔去牛津法院登记成为合法夫妻，多萝西当傧相，牧师妻子当证人。那是1929年6月19日的事。第二天，他单独去看自己的母亲和埃斯特尔的父亲。埃斯特尔的父亲不再问长问短。福克纳和埃斯特尔两人已经听他们唠叨得够多了，等得也够久了，所以并不在意这个。

福克纳的至交菲尔也坚决反对他结婚，认为结婚势必会影响他的事业，分散他的注意力，使他无法专心于创作——结婚势必会让他事业成功的机会变得更加渺茫。另外一个重要原因就是，婚姻会加重经济负担。埃斯特尔·富兰克林离婚后，两个孩子维多利亚和马尔科姆虽有赡养费，可是埃斯特尔本人没有，而她购买衣饰一向大手大脚，这笔开支远非福克纳所能供给。而且，婚后要照顾妻子以及妻子的孩子，这将占用福克纳大量的时间和精力，他还能全身心投入写作吗？

不出菲尔所料，福克纳的婚后生活加重了他的压力，可以说糟糕至极。他以前只需照顾自己一个人，现在各种各样的家庭琐事不期而至。他和埃斯特尔虽已相识25年以上，但有时竟然相互间毫不了解。去帕斯卡古拉蜜月旅行期间，两人相处得很别扭，幸亏来了一位熟人，埃斯特尔才熬了过来。

蜜月之后回牛津，必须面对家人反对和钱财不够花费的现实问题。奥尔德姆和福克纳两家都迟迟勉强同意这起婚事。而少数几个人（包括福克纳的母亲）态度仍然强硬，拒不接受这门婚事。

不过，有一点菲尔算计得不对：福克纳并没有让家庭生活影响到自己的事业，他依然如往常一样创作，只是在时间上做些调整。

福克纳和埃斯特尔出发去帕斯卡古拉时，各有各的往事回忆。帕斯卡古拉是福克纳与海伦·贝尔德初次相遇的地方，他选择此地作为蜜月之地，似乎另有深意。埃斯特尔对海滩和浪潮的兴趣不大，她喜欢更加合乎礼仪的环境；再说，在帕斯卡古拉唤起的福克纳的联想中，没有她的份，反倒有些可抱怨之处。整理行装时，福克纳收拾了几部稿子、几件衣服，多半是他爱穿的海滨休闲服装。

埃斯特尔和前夫过的是雍容华贵的贵妇生活。到帕斯卡古拉，她带着以前穿过的名贵衣物，包括进口绸缎长袍，一眼便勾起她对当年同前夫康奈尔·富兰克林在檀香山和上海共度的迷人时光的回忆——这些衣服代表她渴望的生活。埃斯特尔华贵的衣饰和福克纳寒酸的装束形成强烈反差，要不是举止亲密，没人会联想到二人竟然会是夫妻。不仅如此，整个海滨的景象与她的反差也很明显。

虽然第一次婚姻让她尝尽辛酸，但并未让她缺钱花，也不愁没有宴饮欢乐。上一段婚姻生活使她养成了花钱大手大脚的习惯，频繁出入宴会和舞会成了她的家常便饭，让她从小就向往、喜欢的生活变成现实。

虽然穿着寒酸，但福克纳举止潇洒，颇有绅士风度。偶尔也喜欢和别人在一起，甚至和几个人同时相处。但是，他有时穿得又破又脏，常常不穿鞋、不刮脸就出门。偶尔一两次，人们还认为他与众不同、有几分天才狂傲的味道，但谁也不能天天忍受与一个邋里邋遢的人一起生活，尤其是埃斯特尔这种过惯了锦衣玉食生活的人。

用福克纳的弟弟约翰的话来说：埃斯特尔"娇小俊俏"，最恨

"不修边幅、邋里邋遢"。十几年前，福克纳追求埃斯特尔时，喜爱打扮，穿漂亮衣服，一副气派的公子哥形象（其实，私下里他是个不修边幅的邋遢鬼，穿着讲究只是为了博取埃斯特尔的青睐）。

手头拮据、住半坍的小屋，福克纳不事修饰、不讲卫生等等，都使埃斯特尔受不了。但这些还算不了什么，更使她苦恼的是寂寞冷落的感觉。

福克纳心情高兴的时候，一整天不写作，而是陪伴埃斯特尔在海滩上散步聊天，和她的儿子在附近的河边惬意地钓鱼，晚上和她一样兴致勃勃地修饰打扮，体面地出席宴会或舞会。这种时候，二人的关系比较融洽，海滩上的住处虽不雅致，却显得十分可爱。

可惜，他的情绪难以捉摸。他常常是沉默冷淡、心神不定，对什么都不闻不问，只想着正在写作的斯诺普斯和萨托里斯两家人的故事。7月刚开始，出版社寄来了满是修改痕迹的《喧嚣与骚动》。福克纳对沃森的擅自修改大为愤怒，并一处一处地改回原样。之后，他变得更烦躁和孤独了。

埃斯特尔幸亏有妹妹多萝西来访，才熬过了《喧嚣与骚动》这段时间的痛苦考验。几天后，福克纳搁下稿子，带着埃斯特尔去到新奥尔良，住在古朴雅致的蒙泰莱奥内旅馆。新奥尔良的生活和住所都比较顺埃斯特尔的意，比起帕斯卡古拉冷清的海滩要好很多。再说，福克纳已小有名气，夫妇俩常常受到各式知名人士的款待，每天常常以时髦的早餐会开始，晚上则去参加各种人士举办的晚宴、沙龙和音乐会。

从新奥尔良回到海滨，埃斯特尔更受不了这一落千丈的变化。她和福克纳一样经常喝酒，而且常常和他一样喝过头（特别是在寂寞和失望涌向心头的时候）。有一次，她连续喝了几个小时，不顺意的生活和突然涌起的对过往生活的心酸，使她想到自杀。于是，她挑了一件最心爱的绸子长礼服穿上，走下海滩，涉水走进浪潮，想走向六七十码外的暗礁和海峡的交界处。

幸好福克纳及时发现，但他没办法阻止她，便呼叫着把邻居喊来。一个水性极好的邻居在离暗礁尽头不过几码的地方一把抱住她。她挣扎着往深水扑去，终于一个冲刺挣脱形，但最后还是被来人抓牢、镇住。

这场自杀事件，显然不是开玩笑的恶作剧，而是认真的，还有事实佐证。埃斯特尔的第一次婚变虽然痛苦，却是意料中的事。她在结婚的当天便动过逃跑的念头，不过害怕父亲的暴怒，又怕为时已晚，只好成亲。

当时的福克纳成了这场婚姻的最大受害者。一生中最悲痛的失恋令他刻骨铭心，使他久久未能从痛苦中解脱出来。

现在，情况与当初大不一样。他的事业总算有点起色，当初想要建立的声誉也几乎算是成功了一半。他需要独立，做一头"骄傲的独行其是的怪兽"，"一个独来独往、无求于人、至少不让人知其需要的人"，特别戒备女人擅长的进攻和包围；埃斯特尔则相反，她从婚变中解脱以后，对于这场一拖再拖、时冷时热的渴求的婚姻寄以莫大希望。婚后才发现，对于福克纳，妻子远不如当年的初恋情人重要——这一半是出于他找到的天职、发现的天地、建立的生活，一半是由于这些东西对他的特殊含义。对此，她感到很伤心。

第一次结婚后，埃斯特尔几乎马上就后悔了——她无法忘记婚前与福克纳青梅竹马的快乐时光。现在，她终于如愿和他结成连理，但没想到福克纳整日迷恋写作，又挣不了什么大钱，可以说是不务正业，与她的关系也大不如前。她已经明白，自己永远不可能按她需要的那样完全占有他。但是，事已至此，她也只能选择忍受。

埃斯特尔服用镇静剂安静下来，休息几天恢复后，蜜月旅行就此结束。

他们回到牛津后，在一所公寓里住下。埃斯特尔不喜欢这里，但也没有办法。

然后，福克纳接连几个星期不停写作，希望有人会采用他的短篇，也希望几部长篇畅销。

10月初，《喧嚣与骚动》出版。但福克纳却高兴不起来：此时，他的一篇自认为最优秀的短篇《献给埃米莉的玫瑰花》遭到《斯克里布纳》杂志退稿。虽然阿尔弗雷德·达希尔的退稿信上也有几句鼓励的话，但这封信说明他不太理解这篇故事，也根本不理解这部作品所预示的写作短篇小说的精湛技巧。

福克纳失望之际，想到要找份工作解决经济拮据的问题，不再依靠借钱为生。

在美国经济走下坡路时，10月下旬，福克纳却平静地开始写一部新的小说。开始动笔之前，他首先盘算好了整个小说的构思和中心思想。像《圣殿》一样，他的新小说也将是部精心构思之作，他打算用这部小说实验一下自己学到的驾驭虚构小说的本事："在动笔以前，我说，这回写的书将决定我的成败，哪怕今后不再执笔也要写好它。"

他给小说题名为《我弥留之际》——这个标题最初曾用于一篇讲弗莱姆·斯诺普斯的短篇小说。他还从最早写的讲斯诺普斯家族的故事中选用了一些人物，如亨利·阿姆斯蒂德等。不过，这一次讲的是另一家族的事。

2. 初负盛名

为了养家糊口，福克纳又找了一份工作，这次不是在邮局，而是在密西西比大学的发电厂。虽然从晚上6点钟开始要连干12小时，但他还有足够时间创作。后来，他对别人说在锅炉房里连续铲煤几小时，然后把手推车当桌子，伏在上面写作。其实，工作根本没他说得那么辛苦，他不过是做轻松的监工工作。显然他并不讨厌这份有些呆板的工作，甚至还说机器的轰鸣声让他更专注于写作。他尽管还不能靠写作来谋生，但至少已经能边写作边谋生。

虽然工作是在晚上，但他还是有时间睡觉的，而且监工还能随时打盹，这就保证了他比较充足的睡眠。白天还有些空闲，他可以有时重读一遍头天晚上写的东西，有时散散步放松一下，培养所谓的"游手好闲的本事"。他也时常去邮政所打听他的长篇的销售业绩，非常看重读者对他作品的评价。

此外，他每天还必去探望母亲——这是他多年养成的习惯，直到母亲于1960年去世为止，从无半句怨言。蜜月过后回到牛津，他又恢复了这个习惯。有时，埃斯特尔也会跟去。每次去，她都小心地讨好着婆婆；而莫德在媳妇面前总是冷淡而拘谨。她要她的儿子每天有一段时间只属她一人占有，不想被媳妇打扰。

福克纳写完《我弥留之际》后，立即寄给史密斯，信上告诉他："我成败在此一举。"几个月后，又声明自己是在"6个星期内一气写成的，一字未易"。这一声明的前后两个半句都可以看出福克纳对此书抱有极大的信心，觉得可以凭此书再次获得成功。

首先是写作速度之快：1929年10月29日动笔，12月11日写完，1930年1月12日已完成修订过的打字稿。第二是比以前任何一部作品都改动得少：手稿看上去干净整洁，只在几个名字和用词上留下改动痕迹，即使是一部简单而老套的小说，这样干净的手稿也属少见；对于一部试验性质而且情节复杂的小说来说，这样整洁的手稿实在令人惊异。

这部作品完成后的很多年，福克纳都宣称这是他的最佳作品，称其为一本经过周密考虑的力作，很少说此书的坏话。事实上，它确实不愧为他的一大杰作，虽不如《喧嚣与骚动》那样富有灵气、那样动人，却表现了伟大的才思和卓绝的写作技巧。

哈尔·史密斯行动神速，1930年10月6日便出版了《我弥留之际》，距福克纳动笔不到一年。这本书和《喧嚣与骚动》一样，受到的关注不小，销售量却不高。

福克纳对它的销量自然不高兴，但他的创作热情却前所未有地高涨起来。这种热情全是源自于此书——就连《喧嚣与骚动》也未能如此帮助他恢复写斯诺普斯一家和萨托里斯一家时的热情。通过此书，他对自己早年构思的驾驭于现实世界之上的想象世界再次充满信心。

　　他说："我明白了，不仅每一本书要有格局，艺术家的全部产品或者说创作总和也要有一个格局。"从英国传来消息说，理查·休斯在大捧特捧福克纳（休斯主要以《牙买加的大风》闻名，成为出版界有名的赞助人）。休斯读了福克纳的几部作品后，说服阿诺德·本涅特为《喧嚣与骚动》写书评，说服查托温德斯出版公司买下福克纳作品在英国的出版权。

　　正在休斯全心全意为福克纳在英国造势宣传的同时，福克纳打算拿出短篇小说搞些名堂——对于常年积攒的和正在写作的多篇短篇小说，他都打算投稿试试。寄走《我弥留之际》后不到两个星期，他用一块硬纸板登记短篇小说的投稿去向，记下了第一篇寄走的日期（1930年1月23日）。1930至1931年间，这份有条不紊的记录精确地反映了投寄的篇名、杂志和日期；哪篇被采用，哪篇被退稿，他都用不同的符号工整地记下。

　　从这份记录可以得出三个结论：第一，福克纳喜欢稿酬高的杂志，如《星期六晚邮报》、《斯克里布纳》和《美国信使》，投稿去向以这些杂志为主。第二，他比以前更加果断、更加自信了。他坚持把写出来的大多数稿件寄出去，不因退稿而止步不前，似乎已经断定每一篇都迟早会有人赏识。第三，他的短篇开始刊登出来，记录上的40来篇中有20篇在两年内发表。

　　第一炮是《纪念爱米丽的一朵玫瑰花》，登在《论坛》1930年4月号上，这是自从《两面派》以来福克纳的短篇第一次出现在重要的杂志上；《星期六晚邮报》发表了《节俭》；《美国信使》录用了《荣誉》；继之，《斯克里布纳》在5月又刊登了《干旱》。后来，福克纳回想起这段疯狂投稿的过去，戏称是无数的退稿加快了他学艺的进程。

虽然他继续收到退稿签条，但其中也掺杂着采用通知，有几篇还带来可观的稿费。如：在《晚邮报》上发表的第一篇作品《节俭》，故事情节虽然简单，却使福克纳得到750元稿费，这甚至比以前的任何一部长篇小说还多。

牛津镇人现在无人不识福克纳了，尤其是像《晚邮报》这样有名气的杂志都买他的账。福克纳的两个短篇就刊登在这家杂志上。其中，一篇是《殉葬》，讲的是约克纳帕塔法县的印第安人的故事，情节很精彩；另一篇是《杰姆西德院子里的蜥蜴》，写的是弗莱姆·斯诺普斯的故事。这两篇小说的稿费都高达750元，内容也都是牛津镇的人所喜欢的。

3. 喜迁新居

短篇小说终于给福克纳带来了钱财，虽说不上是很大的财富，却足够让他精神振奋了，加之英国即将出版他的几部作品，更让他欢欣鼓舞。

结婚之后，他和埃斯特尔都希望有自己的房子，而且都希望有一座气派宏伟的房子，所以他决定购置住宅。此时，钱又成为他们的问题。虽然目前经济仍然萧条、没有好转的迹象，但福克纳看中的豪华住宅仍然价格不菲。

福克纳想出了一个唯一可行的办法：他去找布赖恩特夫妇，

他们有一幢南北战争以前建造的大私邸，叫作谢戈格居，已年久失修。如果他们愿意卖给他，他想把房子按照自己的意愿装修一番。

布赖恩特夫妇在科菲尔附近有一座建造精美的大庄园，不想住在牛津的谢戈格居，他们常年把宅子和几亩田地搁置不管。谢戈格居有时有人租用，有时却空着，任其破败下去。他们当然不愿坐视其倾圮，但也不等钱用，因此愿意连同4英亩土地一起出售。对于他们提出的条件，福克纳觉得还算合理。他同布赖恩特夫妇商定先付一笔押金，然后长期低息分期付清，将来还可以买下周围的贝利树林。

1930年6月，福克纳一家从舒适的公寓迁入新居。房子坐落在一条两旁雪松耸立的蜿蜒的汽车路尽头，方向朝南，白色大圆柱的门廊，十分典雅，一派富丽堂皇的景象。但是，房屋内部已经破烂得不成样子——地板塌陷，屋顶漏雨，没有电，没有水管装置。福克纳觉得这样更好，更便于装修。于是，他决定把房屋按现代化标准装修。虽然这样花费不少，但他觉得称心如意最重要，为此他放缓了创作的速度。

1930年整个夏天，他把整个心思放在装修上，干劲十足。有些事情（如油漆、糊墙纸、装帘子、美化庭院等），埃斯特尔、维多利亚和马尔科姆可以帮他做；重打屋基、翻修房顶之类的重活，必须雇人干；还有些活（如装电线、铺管子等等），必须请技工。有不少活他亲自参与，有些甚至由他独自一个人干。

随着工程的进展，账单越叠越厚。付清欠款将是又一个漫长的过程。但是，福克纳舍得花时间、舍得用钱，因为在他心里，这所房子及其周围的土地都令他想起儿时的时光：童年时代，他在屋子周围的树林里做游戏；战后，他又去树林里，先带了迪安和朋友们，后来带了一支童子军。

在他构筑的家园里，他留出一间房间给考利奶妈。后来，他在献给考利奶妈的《去吧，摩西》中追述了她对他一家忠心耿耿，数十年如一日，"不遗余力，不计报酬"的事迹，特别是她给了福克纳"无限的热诚和挚爱"。他找到以前的老仆人内德·巴尼特大叔，让他作为新家的管家。内德大叔侍候过"老上校"和"小上校"，一直保持着对家族的忠诚，珍惜家族的往昔荣华——他甚至还保持着旧时的穿着，试图找回昔日繁华的家族感觉。总之，内德大叔的到来比考利奶妈更能让人猜到福克纳的追求。

此时，埃斯特尔已经怀孕，再过三个月他就会拥有自己的第一个孩子。他打算用"老上校"最钟爱的小女儿的名字给孩子命名。同时，他要建立一个能令人一望而知其显赫历史的家族，并且像"老上校"一样成为家族的顶梁柱与核心。

与此同时，他煞费苦心地思考着新宅的名号，这个名字既要有历史感又要不至于太陈旧。最后，他决定把新宅叫作"山楸别业"，因为弗雷泽在《金枝》一书中称山楸树为和平与安全的象征，是苏格兰特产，而福克纳家族的久远历史正是发源于苏格兰。

4. 重写《圣殿》

乔纳森·凯普和哈里森·史密斯出版公司陷入财政危机，他们不得不找一部可能赚钱的作品发表来挽救危机。最后，哈尔·史密斯决定出版《圣殿》。如果一切顺利，这可以解决福克纳欠下的巨额债务，同时可能引起牛津人的公愤。

1930年11月，史密斯寄来校样，福克纳读后自己也觉得吃惊。他知道自己写这本书是出于懊丧和愤怒，当然也为了赚钱。可他没想到作品中明显地显示出了近乎极端的愤怒。

作品写得粗俗不堪："我读了，写得太差了，处理方式也低级。促使我写这本书的冲动昭然若揭，从书中每个字都看得出来，所以我说我不能让它出版。"福克纳在写给哈尔·史密斯的信中建议把这部稿子报废，但史密斯坚持认为很可能靠它赚钱，不打算放弃出版，因此回信说他要出版此书。福克纳回信说，如果要出《圣殿》，必须重新写。史密斯告诉他，重写的话，福克纳必须承担一半的费用。即使如此，福克纳仍然坚持要重写后才让出版。

福克纳深知他必须"为这份权利付出代价"，但照旧开始重写起来。他不惜工本，大段大段地重写，然而丝毫没有减少小说中的恐怖和暴力场面（如坦波尔遭强奸和诱奸，"金鱼眼"杀人害命），反而增加了私刑毒打李·古德温一节。删去和修改的部分都是些只与个人有关而与全局关系不大的材料，尤其是霍拉斯·本博这个写诗失败而当上律师的制造花瓶的工人。

在《坟墓里的旗帜》中，霍拉斯·本博钟情于妹妹娜西莎，虽在《圣殿》中同贝尔·米切尔结婚，但仍然藕断丝连。他的妻子贝尔说："你和妹妹相爱？书上怎么说来的？叫什么情结？"贝尔的淫欲令他反感，他既怨她性欲太强，又嫌她唾手可得。于是，他缩进狂想中去，不仅想他的妹妹娜西莎，还想他的继女小贝尔。乱伦之念对他始终极有魅力，其中的奥妙就在于它使贞洁与狂暴的高潮得以调和。

在《坟墓里的旗帜》中，霍拉斯坐在娜西莎的床上，陶醉于"把手按在她遮住的膝盖上所引起的那种放肆的宁谧感"。和见了水仙女而想入非非的神话主角一样，他满足于这种狂热的宁静、亲昵的贞洁，它提供他在狂想中制造一种"不容置疑的高潮"所需要的经验依据。在《坟墓里的旗帜》中，他眼看着贝尔的前夫哈里·米切尔抚爱小贝尔，小贝尔则盯住霍拉斯，"那份满面春风的羞涩，令人心醉"。

和《喧嚣与骚动》中的昆丁·康普生一样，霍拉斯把忍冬花的芳香同良宵、心猿意马、不能完全克制的情欲联想在一起。不过，他的对象不仅是娜西莎和小贝尔，还包括他的母亲。这类意念之强烈，竟使他的梦想比生活更加必要。有时他梦见一些东西神秘而"无可挽回地失去了"，有时他梦见日后会有的东西。不过，他总是从半截子经验走向想象中的实现。

他想起自己感受到小贝尔的动人魅力时，就回想到"玉米棒的隐约而愤怒的骚动"，又把这些骚动同强奸坦波尔的报道联系起来。然后独自坐着，手捧小贝尔的相片（而不是那只叫作娜西莎的花瓶），仿佛看到继女遭到奸污，"赤条条仰面朝天被捆绑在一辆平板车上，在漆黑的地道里疾驶而去"。

《圣殿》修订稿中的霍拉斯仍是一个重要的角色，仍然情感错综复杂，茫然若失，继续进行各种各样的错位和替换，继续把乱伦看作情爱的最完美形式。但是，修订稿中霍拉斯的故事大加改动，特别是一些使它成为"弗洛伊德学说"的段落——"研究一个陷于半掩半露的乱伦妄想而不能自拔，以致丧失意志，不能行动、毫无勇气的人"。

在《圣殿》第一稿中，霍拉斯这条线同坦波尔的主线分庭抗礼；第二稿中，它不是对抗而是引申坦波尔的故事。从一个插曲到另一个插曲，霍拉斯看见了一个又一个受"金鱼眼"的变态和暴力摧残的女人，他企图为李·古德温辩护，虽然用心良苦，但是软弱无力，结果一败涂地。到头来，只好承认恶的普遍存在，也承认自己无能而感到内疚，甚至多少也意识到是种种内在力量，包括他的乱伦狂想，削弱了他的战斗力。在《圣殿》的修订稿中，小说成功地表现了这一切而不觉支离破碎。

福克纳改动了霍拉斯的作用，也改动了娜西莎和小贝尔的作用。她们在《圣殿》第二稿中有着两种重要功能：说明霍拉斯的弱点的由来，也说明对南方妇女的一种看法。后者对于我们理解坦波尔和她的一生至关重要。小贝尔虽然楚楚动人，但更多的是挑逗欲念；虽然大胆，但更多的是愚蠢。她和坦波尔有一些共同之处，包括难以克制的性欲。

娜西莎则相反，她体现重名誉、爱体面的品格。她认为性欲的一切表现既可厌又危险，因此始终主张克制。在娜西莎眼里，鲁比·拉玛对李·古德温的忠贞算不了什么，重要的是她居然不结婚就跟人同居。从娜西莎的这一判断中，人们不仅看到她崇尚克制，还看到她的一些根深蒂固的信念：社会依靠克制，特别要克制性冲动；绝无可能指望男人有足够的克制力，因此女人必须背上文明的十字架。

福克纳重写《圣殿》是"改稿的小小奇迹"。许多读者只记住他说过的关于《圣殿》构思粗俗的话，却忘了他还说过别的话：他不惜付出代价"争取重写的权利"，为的是要"把它写成一部无愧于《喧嚣与骚动》和《我弥留之际》的作品"。他说："总算干得不错……我尽了最大努力。你们没有看到的那一稿是低级拙劣的，我再穷也要豁出去赔上钱，就是不能让它出版。你们看到的这一稿是我尽最大努力写出来的，真实动人，尽量写得深刻而有内涵。"

1930年12月间，他苦干了几个星期，修改完毕后，寄给哈尔·史密斯。

总结过去一年的成就，房子装修得差不多了，第一个孩子快要出生了，《圣殿》的改写也按照他的意愿进行了。然而，他并不满足，继续向前，在自己想象的世界中自由驰骋。

随着发表的作品越来越多，他赚了一点钱，多少出了点名，但由于他和埃斯特尔的需求不断增加，所以手头依然拮据。

《圣殿》的出版已经敲定，但能不能赚钱，他也说不准。

5. 痛失爱女

福克纳终于盼来了第一个孩子，一个可爱的女孩，那是1931年1月11日——哈尔·史密斯出版《圣殿》前一个月左右。

埃斯特尔怀孕时期不太顺当、分娩也不顺当。生完孩子以后，她休养了好几个月才恢复健康。婴儿早产两个月，体重很轻，但看上去还算健康。福克纳本来就希望得个女儿，一半是因为可以袭用他最喜欢的奶奶阿拉巴玛的名字。巴玛奶奶是"老上校"子女中最小的一个，最得"老上校"宠爱，福克纳非常喜欢她。

巴玛奶奶为他笔下的珍妮·萨托里斯·迪普雷这个人物提供了比其他人（甚至比霍兰德姑姑）更多的素材。尽管埃斯特尔觉得阿拉巴玛这个名字有点古怪，很少见，但还是同意女儿沿用。女儿生下后两天，福克纳便发电报告诉巴玛奶奶："阿拉巴玛·福克纳于星期日降生，母女平安。"

孩子长得太小了，一副弱不禁风的样子，但医生觉得没有必要再在医院里待下去，放在保育箱更是没必要（再说，医院里根本没有保育箱）。于是，福克纳把母女两个接回家，并雇了两个护士，一个专门照顾埃斯特尔，另一个专门看护阿拉巴玛。医生也天天上门，以防母女出问题。岂知世事难料，一个星期不到，阿拉巴玛毫无预兆地虚弱起来。福克纳惊慌失措，驾车去孟菲斯买了一只保育箱回家，岂知已经太晚。

1月20日，阿拉巴玛·福克纳去世。福克纳伤心欲绝，抱着小小的棺材默默流泪，又搁在膝盖上慢慢抚摸，似乎那是女儿的躯体。他亲自埋葬了女儿，然后回到山楸别业。他先叫护士给埃斯特尔服用镇静剂，然后走进房里去告诉她一切。埃斯特尔后来回忆说，她第一次看见他哭。

福克纳悲伤过度，没有心思投入创作。他本来就不喜欢、不信任埃斯特尔的医生，如今更加认定是医生的失职。后来，他买了一只保育箱送给那个医生的竞争对手的医院，以免再有婴儿冤枉死去。

他恨那个庸医，觉得一切都是他的错，他决定报复，便编造了几个故事来败坏医生的名声，说他如何如何昏庸无能。

后来谣言四起，有人说，福克纳闯进医生的诊所，开枪打中他的肩膀；又有人说，福克纳站在山楸别业大门口开枪，没打中医生。

福克纳在牛津一带散播这类流言蜚语不算，后来还在纽约的朋友和熟人中散播。

不久，福克纳也尝到了流言蜚语的滋味，这次是因为《圣殿》。《圣殿》于1931年2月9日发行后，立即引起注意——从来没有过那么多的评论，那么长，那么耸人听闻。评论家们摆出一副恼怒、憎恶、惊愕的姿态，他们关注的不是小说的构思、情节和写作技巧，而是关注福克纳对毫不掩饰地性变态的描写和宣扬。不出几周，买《圣殿》的人比《喧嚣与骚动》和《我弥留之际》加在一起的人数还要多。

4月底，销售量超过福克纳以前所有小说的总和。读者们突然对福克纳以前的小说产生兴趣，希望在福克纳以前写的小说中找到这本新作所予以的满足，书店和邮局的销量有所增加。

不出所料，这本书得罪了牛津人。牛津人觉得受了侮辱，福克纳好不容易与他们建立起来的友好关系毁于一旦。牛津人一提到他，就愤恨不已，留给他的只有漫骂。小镇上的人们茶余饭后的话题一下子都成了这部小说，他们边谈边骂，说它十恶不赦。

1931年1月，沉默寡言的父亲对儿子的所作所为感到耻辱，甚至到阿拉巴玛的墓前祈祷。后来，默里采取行动，希望把书从市场上撤下。

福克纳的母亲——莫德设法袒护儿子。她对丈夫说："由他去吧。他总是非这样写不可才这样写的。"这句话，在牛津镇上很少有人能够理解。牛津人个个对福克纳家的人嗤之以鼻，绕着他们走，似乎和他们说话就是受到了侮辱，自己也要变成性变态一样，这种情绪持续了很多年。据福克纳的一个弟弟说，牛津人直到他发了大财以后才承认他的成就。但即使到那时候，他们仍不免流露出耿耿于怀、余怒未消之意。

6. 纽约之行

虽然《圣殿》销售量很高，但稿费并不多，福克纳还是终日为生计发愁，不得不为了钱而忙于写作。他的短篇一篇接着一篇地发表了。

在此过程中，他虽然无法很快摆脱经济危机，却增加了新的发表媒体——录用他投寄作品的杂志名单里增加了《哈泼斯月刊》和《妇女家庭良伴》。

他为钱感到困窘不堪，把《这13篇》题献给埃斯特尔和阿拉巴玛以后，便寻找更大的写作题材。终于，他决定写一个故事，但总是定不下题目和主题——后来几经修改，定为《黑屋》。他要又一次通过写他非写不可的东西来学习写作，又一次以苦役为解脱。

他恢复了每日写作的习惯，通常是上午几个小时都在写作，下午去骑马散步或进行其他消遣，有时修修房子和花园。零星活更是有的是，他喜欢一个人做。暮色降临时，他和埃斯特尔通常会在饭前坐在门口走廊上一起喝一杯酒。

在创作中，他全身心投入，最后决定把题目改成《八月之光》。写到一半时，他接到邀请，请他参加弗吉尼亚大学召开的南方作家会议。对此，他犹豫不决，因为他不喜欢文人的集会和闲谈，再加上埃斯特尔还患着贫血症，不适于旅行。

福克纳几乎就要放弃参加会议的时候，哈尔·史密斯表示愿意和他同去，并承担旅途费用。他不好再推脱，只好答应前去。10月22日，他们动身去弗吉尼亚大学。

南方作家会议的一大"成就"是确立福克纳嗜酒的名声。"比尔·福克纳来了，而且喝醉了，"舍伍德·安德森回忆道，"他不时露面，一下子就喝醉酒，随即又不见影踪。他逢人就讨酒喝，没人请他喝就自己买。"出席会议的人都是作家圈子里有名的人物，刚刚建立名气的新手则忙着结交朋友。福克纳却不喜欢和这帮文人在一起，而是更喜欢独自饮酒。

其实，当时的福克纳内心很自卑，他觉得自己没有受过正规教育，属于自学成才，似乎和他们这些名门之秀格格不入，总觉得自己"没有资格从事文学生涯"。而且，谈文学使他想到"文字愚蠢"，思想缺乏生气，从而危及对自己工作价值的信心。

他和其他作家在一起，总是感觉不自在，似乎别人都在指责他的不是，暗地里嘲笑他的作品和拙劣技巧。用他自己的话来说，他的反应就像一条乡下猎狗，主人走进杂货铺去买东西，它就蜷缩在大车底下。在紧张的举止、偷觑的目光和唐突的答话尚不足以使他感到自卫时，他便求助于所谓"酒有浇愁消虑的作用"。

文人闲谈的双重威胁不是唯一使他在夏洛茨维尔贪杯的原因——喝酒的欲望在他感到"内心翻腾不安"时，比感到自己陷入

福克纳传

困境时更加强烈。有时，他把酒精等同于解脱、等同于小丑穿着灯笼裤趔趄的步态；有时则等同于逃避，等同于一层雾或者一个避风港——在那里，生活的种种声音遥远而不吓人。

在这以前，他苦干了几个月，写一则讲平静的生、可怕的死的故事，企图驾驭一次痛苦的回忆。在那段时间里，他严格控制饮酒；如今剩下他一个人，又远离家乡，他的自我控制崩溃了。好几次，他突然同素昧平生的人谈论他死去的孩子，好几次又含沙射影地提到自己的报复；以前使他苦恼的失眠，如今严重到使他害怕天黑的地步。他喝得越多，吃得越少，身体就越弱，平时闷声不响，偶尔会变得粗暴无礼。有一次，才走进法明顿乡间俱乐部的圆厅，人们前来迎接时，他便呕吐起来。

这种丑态虽然以前也有过，但是福克纳的地位已今非昔比。与会者中不乏知名作家，但是谁也比不上福克纳引人注目。一些故意装得冷淡《圣殿》的人读完了《喧嚣与骚动》和《我弥留之际》后瞠目结舌。只要福克纳不出席会议或招待会，大家就会发觉；他一出席，就"当然成为众目所视的焦点"。所以，最终他不得不节制一下饮酒，以免多次出丑。

他受到编辑、出版商的招待，被介绍给名作家，包括一些专为哈罗德·罗斯和《纽约人》撰稿的文人。新交中有的不过是好奇，有的是爱才，有的希望同他签订合同。

在纽约的7个星期里，他去康涅狄格州度周末，加入阿尔冈昆饭店的"才子名流圆桌"，出席阿尔弗雷德·诺普夫和贝内特·瑟夫一流的出版商举行的宴会。他写信给埃斯特尔说："我出尽了风头。一星期来，除了晚宴外，每天中午都有杂志编辑或者希望和我一见的人为我举行的午餐会，想不到我居然成了美国文学界的头面人物。幸好我头脑冷静，不太虚荣，不至于得意忘形。"

在别人的眼中，有时候福克纳简直是一个拘谨、怯懦、胆小的人。多梦西·帕克说："你就是会想到要保护他。"福克纳受宠若惊，不免有点紧张，竭力想恢复在新奥尔良时专心听人讲话的习惯。他结识的人大多口若悬河，欢迎有人听他们讲话，而听人家讲话正是福克纳感觉最愉快的一项事，至少有时如此。

偶尔还会有意外的收获，多梦西·帕克有一个叫作罗伯特·洛维特的朋友，讲过一则战争期间英国青年志愿军在海岸汽艇队英勇服役的故事。福克纳立即据以创造了博加德上校这样一个人物，写成一篇叫作《转向》的短篇小说，内容基本上取自洛维特的故事。不出几个月便刊登在《星期六晚邮报》上，并在后来成为福克纳第一篇被改编成电影的短篇小说。

在此期间，福克纳高兴地同纳撒尼尔·韦斯特在萨顿旅馆交流打猎的故事，和达谢尔·哈默特和丽琳·海尔曼一谈便是几小时。哈默特在成为作家以前几乎什么活都干过。他和福克纳一样喜欢讲故事，和福克纳一样喜欢喝酒，有时一连喝上几天。

即使和自己愿意或需要见面的人在一起时，福克纳还是改不了局促不安的天性。他和哈默特有共同之处，两人都讨厌拘谨地谈论文艺，都讨厌阿尔弗雷德·诺普夫所代表的时髦社会，也都觉得这种社会很虚伪。福克纳告诉一个记者说："我不喜欢文人。我从来不同其他作家交往，也不知为什么，我就是不善于交际。我受不了'文人圈子'。"

再次陷入写作的艰难之后，福克纳又拿起酒瓶子猛灌一阵——

弗吉尼亚的故技到纽约重演，好几次闹得狼狈不堪。一次在阿尔弗雷德·诺普夫家里，先是哈默特失去知觉，接着福克纳烂醉如泥，无法动弹。在贝内特·瑟夫家里，福克纳不肯随意签名题词，得罪了不少客人。

然而，每天上午他还设法写作。他带去了《八月之光》，在纽约还萌生了其他的写作计划。贝内特·瑟夫请他为"现代文库"版的《圣殿》写序言，好几家杂志的编辑向他索稿。他在11月初写给埃斯特尔的信中说："我到这里以后已经收入300元左右。相信一个月后还能收入1000元。"

他在牛津欠下债，房子的分期付款逾期，因此急需钱。最终，他在离开纽约之前付清了房子的欠款和牛津的几笔过期的账单。

福克纳感受到的压力和激动，有的来自作家和编辑，有的来自出版商。贝内特·瑟夫决定把《圣殿》收入"现代文库"，目的是想游说福克纳同兰登书屋签订合同；瑟夫还决定出一版限量发行的、作者亲笔签名的《沙漠情趣》——这是福克纳好几个月前投稿的一个短篇小说。瑟夫的计划不过是若干预定计划之一。诺普夫虽然不赞成福克纳的举止，但愿意和他签订合同。瓦伊金出版公司的哈罗德·金兹伯格也打算这样。

这种兴趣一方面反映出福克纳的地位改变了，一方面反映乔纳森·凯普和哈里森·史密斯公司的破产。这家公司亏损了好几个月，濒临破产，欠了《圣殿》的版税，福克纳此后从没领到过。出版商们希望抢在哈尔·史密斯恢复元气重建新公司之前同福克纳签下合约，纷纷找上门来，"手持合同，上面预支稿酬和版税分成比例都空着未填"。瑟夫和另一些人还提到特印的版本，提到同好莱坞接上关系和巨额酬金。福克纳给埃斯特尔的信上写道："好像我是什么稀奇而珍贵的怪兽似的。"

最后，福克纳还是同哈尔·史密斯和哈尔的新合伙人罗伯特·哈斯签订合同。此举所表现的朋友义气值得钦佩，但是否明智，就是另外的问题了：哈尔·史密斯在福克纳患难之际周济过他，所以他不愿意抛弃哈尔。他说："史密斯始终是我在北方的一个好友，是我喜欢的人。"

谈判、协商和宴会的同时，福克纳继续酗酒。到11月中，本·沃森和哈尔·史密斯都很担心，似乎再也不能指望福克纳按照约定的进度工作，可是都拿他没有办法。

于是，沃森拍电报给埃斯特尔，请她赶来纽约。几天后，她和福克纳在纽约的阿尔冈昆饭店会合，并劝他回牛津。他同意了，但是要等《沙漠情趣》发表以后，特别是贝内特·瑟夫已经答应把原定的12月15日提前到12月10日。

同时，日程依旧排得满满的。阿尔弗雷德·达谢尔等编辑、罗伯特·洛维尔等新交、哈尔·史密斯和本·沃森等旧友、贝内特·瑟夫等出版商纷纷设宴招待福克纳夫妇。他虽然不擅长应酬，但有妻子在旁边应付——埃斯特尔可是这方面的行家，一切都很顺利。

7. 好莱坞盛情邀请

福克纳虽然一生追求名利，但真正出名的时候，却又毫不在乎了。他在纽约受到礼遇和款待，心里高兴。但很快，他就投入写作，把受人款待的事情忘得一干二净，只是觉得人们一下对自己热情起来（以前却不理不睬的），十分可笑。

回家不久，他完成了《转向》，并于1932年1月初把初稿寄给沃森。两个月后，此文在《星期六晚邮报》上刊登。

此时，《八月之光》完结之期已近。

《八月之光》结束了福克纳的第一个伟大时期。过了许多个月后，他才重新如此长久而紧张地创作。纽约的朋友和福克纳提起好莱坞，夸赞那是个赚大钱的地方，简直是作家的天堂。此时，福克纳从没想过要为好莱坞卖命。但是，在他回牛津后不久，米高梅影片公司的山姆·马克斯打电报给他在纽约的经纪人，探询是否请得动他，索价多少。

福克纳对好莱坞不了解，也没有写过剧本，更重要的是他要和妻子对着干（他觉得埃斯特尔会愿意他去好莱坞，那他就偏不去），于是一口回绝了。

钱似乎已成为夫妻吵架的导火线。他写信给本·沃森说："我还是留在这里把小说写完，搞电影的事以后再说。"可是摆在眼前的财政困难，福克纳无法解决：装修房子以及自己大手大脚地花费使他负债累累，而他也从来不用价格低廉的低档货。

他不仅自己不知节制，还喜欢摆阔似的接济穷亲戚，这似乎和家族由来已久的阔气不无关系。埃斯特尔比福克纳更甚：华贵的衣饰是她永远的最爱，不惜开支票赊账也要得到那些福克纳看来无用的东西。这样的结果就是：家中财政永远一团糟，有时简直入不敷出。两人所要都超过实际所需，却从来不在自己身上找原因，而是相互指责对方挥霍。

《八月之光》尚未写完，福克纳就已经债台高筑。他写信给哈尔·史密斯，请他立即寄250元："对不起，给你添麻烦，实在没有办法。不然，只好撇下小说卖身去写短篇赚钱了。方便的话请寄给我一些钱。"

福克纳一直不停写作，却一直为钱发愁（最成功的商业小说《圣殿》虽然卖得很好，却几乎没有稿费收入）。到《八月之光》完成的时候，他几乎破产。

3月，乔纳森·凯普的新公司在欠了他好几千元的情况下破产，他只好眼看这笔钱落空。

他记得最近在纽约夸过口，不想"卖身写短篇"，又不愿投靠好莱坞，就计划把《八月之光》拆开分期连载，条件是"稿酬不少于5000元，不得改动一个字"。现在看来，这个想法简直是异想天开。由于经济拮据，他不得不想到靠写短篇赚点钱，于是又想到了好莱坞。

最后，他选中好莱坞，希望能定期拿到大面额支票。他在信中告诉沃森道："如果能得到5000元，不改动稿子，便代我接下。不然的话，如果电影界的邀请没有撤回，我只好靠它渡过难关了。"

不久，他同米高梅公司签了6星期的合同，周薪500元，没有附带条件。

福克纳提前两天，在1932年5月7日到米高梅公司山姆·马克斯的办公室报到，当即要求为米老鼠影片（另一家摄影厂的产业）或新闻电影工作，还说："我只喜欢这些电影。"可是，一入好莱坞，一切都不是他说了算的，公司没有同意他的请求，而是让他写名为《肉欲》的剧本。他以沉默对抗，整整一周没有上班。后来他说："事实是我害怕了，紧张了。"

米高梅的制片人和哈里·拉普夫开始对他有所提防。马克斯没有地方安置他，便请他创作。福克纳以前从来没有见过电影剧本，更不要说写了，最后他打算把以前的小说改编改编。结果，他写出来的东西，完全没有剧本的样子。没有办法，马克斯给他找了个有经验的人合作。

6个星期快到时，福克纳在米高梅不过是按时上班而已，没有做出任何贡献——米高梅出了钱却毫无收获。

平时，他喜欢找几个作家喝酒聊天，了解一下电影行业。

尽管如此，他对在米高梅的工作还是没有信心。虽然他对带来的几篇故事（特别是斯诺普斯家的故事）兴趣不衰，但改写总不顺手。公司看到福克纳如此没有作为，便决定把他每周的薪资降低，合同的期限延长。福克纳当然拒绝。

但是，同霍华德·霍克斯的一席谈话使他改变了主意。霍克斯打算把《转向》拍成电影，请福克纳拿出一个电影本子来。如果霍克斯看了通不过，多发他一周工资；如果通过，就跟他签一个高酬的合同。

福克纳欣喜若狂——他终于可以靠自己的作品赚到高额薪酬了。他很快就改好了。霍克斯把他的本子交给米高梅负责制片的副总裁欧文·塔尔伯看。塔尔伯说："就照它拍。"当然，他们对剧本还是有些改动，特别是霍克斯决定增加一个角色让琼·克劳馥演，以免电影中不见一个女人。

这次的改写《转向》让福克纳看到了希望，他尝到了好莱坞带来的甜头：虽然在好莱坞总觉得不自在，也没有全心全意地干，但他尊重霍克斯，也知道霍克斯尊重他——不仅尊重他出版的书，也尊重他编写电影剧本的技巧，特别是补救具体场景的本事。

1932年8月7日，噩耗传来，福克纳的父亲默里不幸去世，福克纳必须回到牛津办丧事。他大胆请求离开几个星期，而且留职不停薪。这个要求未免过分，可是霍克斯不但自己同意，还说服山姆·马克斯予以批准，只是有两个条件：第一，必须把《转向》的工作带回家去做；第二，只要有需要，必须回来工作。

回到牛津，处理完丧事之后，福克纳接替父亲，成为一家之主，管理母亲的财务，保管家族的《圣经》。他在家族《圣经》上补登了父亲不愿记录的人的名字和事件的日期，包括他和埃斯特尔结婚的日子和阿拉巴玛的生日死期。

丧事过后，他继续为霍华德·霍克斯写作、为哈尔·史密斯看校样。

不久，他得知派拉蒙公司可能会买《圣殿》的摄制权，心里非常期待——这对他非常重要，如果买下，他可以赚到6000美元，这可是一笔不小的数目。

10月中，福克纳回到加州，润饰电影剧本《今日吾生》（《转向》被霍克斯改名为《今日吾生》），并等候派拉蒙的决定。

此时，他已经厌倦了加州的工作和生活，无比想念家乡，开始动了回家的念头。所以，一收到《圣殿》的合同，他立即签字，并启程回山楸别业。他在给哈尔·史密斯的信中写道："谢天谢地，我又回家了。我在好莱坞赚到足够的钱，可以大大装修房子了。"

8. 终日为稿费忙碌

福克纳想要放松一阵子了。这时，他想起自己年轻时候的嗜好——开飞机。于是，在1933年2月的一天，他学开飞机，并且很快就能上天了。他说："这是我唯一的消遣。"

飞行执照是几个月后才拿到的，凭借执照，福克纳大方地买了一架飞机。后来，他同他的飞行教练弗能·翁利和在他鼓励和资助下学会飞行的弟弟迪安合伙经营，在里普利和牛津举办飞行表演，特技和跳伞一应俱全。

除了飞行，山楸别业的装修工作他也亲力亲为，而且乐在其中。不过，对他而言，他1933年最重要的大事是：他在6月喜得一女。

女儿出生后，他给她取名为吉尔。吉尔刚出生也是小小的个子，但不像早夭的姐姐那样虚弱。对此，福克纳写信告诉本·沃森说："朋友，我生了一个女儿，取名吉尔，6月24日星期六生的，母女皆安。"

喜获一女，这无疑让福克纳欣喜若狂，他恨不得不吃饭不睡觉照顾女儿。夫妻关系也似乎有所缓解——两人都乐于承担做父母的责任和义务，从而忘记了彼此的矛盾。哈尔·史密斯也为福克纳高兴，还专程从纽约赶来参加吉尔的命名礼。

然后，福克纳又急切地想投入创作。可是，他努力半天，写作却没有什么进展。

8月，他萌生了写长篇小说《修女安魂曲》的念头。

但是，总是有财政困难让他无法安心创作。他对哈尔·史密斯坦白说："将近16个月了，没写出有新意的东西，连新的构思也没有。"如果再没有转机，也许他们可以出版一本"不会为之脸红"的短篇小说集。信的末尾，他还补充说："看来只好回好莱坞去了，可我真不想去。"

短篇终于一篇一篇出来了，大部分是旧作新写，包括一篇取自没有出版的《埃尔默》的故事。不过，在福克纳寄给新的经纪人莫顿·戈尔德曼的短篇中，至少有一篇是全新的，题为《猎熊》（不久便发表在《晚邮报》上）。

他写信给莫顿·戈尔德曼说："我一向钱不够用，这一次可是走投无路了。"他原计划是等春天出版《马丁诺医生》短篇小说集，那时会有较为丰厚的稿费解决生计，但等不到那时候，他就不得不再为《晚邮报》写短篇：写完一篇关于斯诺普斯家的《院中骡子》，再写一篇关于萨托里斯家的《埋伏》——1927年初次创造这两大家族时，他欣喜若狂；1934年再写这两家的故事时，他如释重负，因为他不仅能凭此赚钱养家，还真正觉得此书真切感人，是一本好书。

渐渐恢复有规律的工作生活作息习惯，为他找回创作的信心打下了良好的基础。创作中，他用"老上校"的生活故事来填补约翰·萨托里斯上校的故事中的空白，充实约翰·萨托里斯之子巴亚尔的故事。在《坟墓里的旗帜》中，巴亚尔已是老人；而在《埋伏》中，他是个年仅12岁的孩子。

　　创造老人巴亚尔这个人物时，福克纳汲取了他对祖父约翰·韦斯利·汤姆森·福克纳的回忆。创造老巴亚尔青年时期的故事时，他汲取了多则家庭轶事，包括"小上校"在"大宅"门前平台上讲给他听的几则故事。他回想起小时候听到的无数个有趣的故事，并把它们融入创作中，因而写作相当顺利。对他而言，这些材料既熟悉又遥远，既详细又灵活，既向他招手邀请，又为他制造机会。于是，他写完《埋伏》，接着写《退却》，又写《袭击》。不出几个星期，他已完成三篇，而且一篇比一篇长，一篇比一篇内容丰富。

　　在巴亚尔、林戈、约翰·萨托里斯和米勒奶奶身上，福克纳发现或者说重新发现最后用于长篇小说的人物。但是，南北战争的惊险故事一个个讲完后，福克纳的创作又遭遇瓶颈，似乎没有故事可写了。

　　《晚邮报》有兴趣发表一篇连载，为此他几乎拼命写作，打算"在一根线上再编出三则故事来，背景放在南北战争后的建设时期"。然而，他似乎真的文思枯竭了，开了几次头，却总"写不下去"，再次陷入创作的艰难之中。

　　不过，转机很快到来了：

　　春天的时候，好莱坞的霍克斯邀请他去，他拒绝了；6月，他写作进展不大，霍克斯又一次重金礼聘。面对邀请，他终于决定签约接受，并同意在7月中去报到。这次，好莱坞的待遇十分优厚——周薪1000元，而且同意他偶尔可以回牛津写作。

　　于是，福克纳便离开牛津去了好莱坞，希望在那里支几个月薪水而只住几个星期。

这次去好莱坞工作还算顺利。福克纳虽然觉得好莱坞的工作枯燥，但是有劳伦斯·斯托林、马克·康内利等熟人家可去、有朋友可访，日子过得还不是很乏味。而且，当初离密西西比而去纽约的本·沃森也从纽约迁到加州，还有一个同乡胡伯特·斯塔经常邀请福克纳去他家住，给他增添了不少快乐。

唯独交稿给霍克斯审查时，他觉得时间过得缓慢至极，甚至感觉是在浪费时间。

在加州待了几星期后，由于想念女儿，他再也待不下去了，决定带着剧本回家创作，同时还继续创作长篇和短篇。而且，长篇的题目已经"有了"。他写信给哈尔·史密斯说："叫作《押沙龙，押沙龙！》，讲一个人不服输，求得子息，结果儿子太多，把他毁了。"但是，他觉得"还不太成熟"。所以，他又说："我写了好多，只有一章满意的。正在考虑放一放，先回去写《修女安魂曲》。《修女安魂曲》不长，和《我弥留之际》相仿；手上的这部可能比《八月之光》还长些。"

之后，福克纳伏案创作了诸多作品，最重要的当属《押沙龙，押沙龙！》。创作完成后，福克纳回好莱坞继续为霍华德·霍克斯工作。此时，他的心情大大好转，主要是因为创作顺利、报酬丰厚。而且，他在好莱坞也认识了一些明星，如克劳黛·考尔柏、扎苏·皮茨和克拉克·盖博。

他的娱乐活动比较简单：同熟人（如马克·康内利、桃乐赛·帕克和纳撒尼尔·韦斯特都从纽约迁到加州）和朋友（如本·沃森、朱厄尔·塞尔和戴维·汉普斯特德）偶尔打打网球、玩玩扑克；同韦斯特一起去猎鸽子和野猪一两次。

在空闲的时候，他大部分时间同梅塔·多尔蒂·卡本特在一起。

梅塔·多尔蒂是霍克斯的私人秘书，还干过接待员和剧本干事。与福克纳相遇后，便觉得情投意合。没多久，两个人便达成默契，亲密无间，并在日后发展成一段婚外恋，给福克纳带来了激情和痛苦。

第五章　中年时期

1. 身陷婚外恋

第二个女儿吉尔出生后，福克纳夫妻的关系有所缓和。

1934年8月，福克纳在写给本·沃森的信中称："我们均安。吉尔越长越胖，埃斯特尔的身体从来没有这么健康过。"不久，福克纳的信中又逐渐流露埋怨和不信任——钱是一个大问题。他担心自己不在家的时候，埃斯特尔会把支票挥霍一空。

有些钱是夫妻共同挥霍的，如装修家园、宠爱女儿，但彼此都怀疑和埋怨对方。福克纳看不惯埃斯特尔没完没了地买昂贵衣饰，还对岳父扣留她与前夫所生孩子的抚养费一事大发雷霆；反过来，埃斯特尔埋怨福克纳花大价钱买飞机，还没完没了地接济母亲和弟弟迪安的妻女。

这些事情加深了原有的怨气。福克纳从来不迁就埃斯特尔对宴会舞会的兴趣，埃斯特尔也从不照顾福克纳对私密、安静的爱好。福克纳觉得自己辛辛苦苦赚来的钱，妻子却一点苦没受就享受无忧无虑的生活；埃斯特尔则认为他一个人出风头，自己却与世隔绝。

即使在山楸别业时，他也不愿同人有应酬往来，成小时地关在书房里，把"门球卸下放在口袋里"。每一次去约克那帕塔法，去纽约或好莱坞，都把她留在家里。在牛津，埃斯特尔尽管熟人不少，可是真正谈得来的知心好友却几乎没有，她觉得在这样落魄的穷乡僻壤受到了遗弃。他们成天吵架，简直令对方无法忍受。于是，她在痛苦无人诉说的时候开始酗酒。

但是，福克纳后来称之为大不幸的，肯定不是经济生活，几乎可以肯定地说是性生活。主要原因是埃斯特尔前后怀孕4次，次次都是难产，还有过几次流产，她有充分理由不愿再生孩子。不生孩子就要杜绝性生活。结果，自从她生下吉尔后，二人就几乎没有同床共枕过。这也许是二人矛盾加剧的重要原因，也是福克纳离不开梅塔的原因。

福克纳为梅塔朗诵济慈、斯温伯恩和豪斯曼的诗，就像以前对埃斯特尔和海伦那样。不用说，他也为她写诗，为此不惜引用别人的诗句，不惜把诗编造得充满色情和挑逗。钱财不宽裕，和梅塔的欢娱很简单：上一家便宜的小馆子"莫索弗兰克烧烤店"吃饭，打小高尔夫球，散步谈心，做爱。在有特殊意义的周末，他们去圣塔蒙尼卡海滨靠近沙滩的米拉玛旅馆开房间。

福克纳在恋爱时是一个极其浪漫的人，他写诗、读诗，信件也充满温情。一次在太平洋之滨过夜，他在床上铺满了栀子花和茉莉花瓣。和梅塔在一起，他很快乐，忘却了婚姻和工作带来的痛苦。

梅塔生于孟菲斯，在密西西比州的图尼卡长大，因此自视为南方人、老派人，在许多方面也确实如此。尽管自认为老派，她却很早就结婚了，而那段婚姻时间也不长。她很高兴在生命的空窗期遇到福克纳这样浪漫的情人，成为他的激情和挚爱的对象。福克纳在《野棕榈》中创造的一个人物——夏洛特·里登迈耶，就是取材于梅塔和海伦。夏洛特是一个无所畏惧、百折不挠的进取型女性，在哈里·维尔伯恩心中挑逗起巨大的激情，把他从没有女人介入、井然有序的安全世界中超度出来。

情人眼里出西施，福克纳喜欢梅塔的美丽大方、温柔体贴，还有一个重要原因是他的身材。众所周知，他身材矮小，常常因此自卑，从年轻时候就担心不能"完满地和女人做爱"。结婚并未减少、反而增加了他这方面的忧虑。和梅塔在一起时，他得到了舒解。这从他写给她的信中、从《野棕榈》中都能看到。有一封信这么写道："给梅塔，我的心，我的茉莉花园，春兴勃发的女阴。"在这封信里，他仿佛有意把天真和挑逗、理想和情欲挂在一起。

从二人的信件中，可以看出福克纳与梅塔的性生活充满激情与刺激。

另外，他为她做色情诗，画色情画。和她在一起，他至少可以暂时变成一个情欲高涨、无法抗拒、永不满足的情人。据梅塔说："有几幅画勾画得活脱像一对做爱者的轮廓。"

在他和梅塔爱的情欲版和理想版的紧张关系背后，又埋藏着福克纳脑海深处的联想，这从他修改梅塔的身世一事可以看出。梅塔·多尔蒂说："他虽然和我做男女之爱，但有些时候把我看得比实际年龄要小许多。"

福克纳时常想，如果梅塔没有结过婚，没有工作过，那就再好不过，他把她想象成"一个颤怯、可爱的姑娘"。这一改，一方面减少福克纳怕不能自拔的担忧，另一方面也减少被污染的恐惧。

福克纳深深眷恋着梅塔，但不想和她同居，他认为男人和女人的爱情要有距离作为支撑，一旦太近就会互相厌恶对方。他害怕再次受人支配、害怕暴露缺点和发现缺点，不愿再同人过朝夕厮守的生活。他说："那会酿成大错，还是别让我们看见对方的缺点吧！"

2. 情人离去

有两个女人是福克纳放不下的，一个是现在的情人梅塔，另一个则是女儿吉尔。尽管他百般不愿离开情人，但也抑制不住想看女儿的愿望。

1936年5月下旬，他动身回家之前在几页《押沙龙，押沙龙！》的打字稿和几份添加的年表、家谱上题词"给梅塔·多尔蒂"；同时与好莱坞签订合同，答应8月回来工作，且合同上的薪资并没有他原想的丰厚。

岂知钱的问题比他所了解的更加严重：回到牛津，他发现债台高筑，保险、房产抵押都逾期未付，在牛津和孟菲斯的好几家店铺里都有赊账记录。福克纳对埃斯特尔乱开支票的做法大为震怒，他决定和妻子划清界限。

6月下旬，他在孟菲斯和牛津登报声明，不再对"威廉·福克纳太太或埃斯特尔·奥尔德姆·福克纳太太签名的支票或账单和欠下的债务"负责。

他自己都没有料到会反应得如此强烈，事后觉得确实做得过分了。在《时报》记者进行采访、埃斯特尔的父亲同他撕下脸皮对决了一场后，他决定停止刊登这项声明。他在信中对梅塔倾诉衷肠，不止一次提到离婚，说再也受不了埃斯特尔花钱大手大脚。他有点想重新组建家庭，但一想到会因此而失去吉尔，便退却了。

转眼8月就要到了，福克纳决定带上妻女一起回好莱坞——这样可以节省开支，再者换个新鲜环境，也许对夫妻二人的关系能有所缓和。从此举看来，福克纳其实并不想离婚，他在忍耐妻子的同时，还拿出具体解决夫妻矛盾的方案并付诸行动。

1936年8月1日，福克纳到20世纪福克斯影片公司的摄影厂报到，同时找房子，安顿家眷和两个仆人。不久，他就找到一幢夫妻两人都喜欢的房子，气派非凡，风景优美，晴天时还可以看到远处的山和岛，只是房子离摄影场有些远。不过，他想到现在交通比较发达，自己薪水又不低，最终还是决定租下。

福克纳工作之余喜欢带着吉尔去海滩散步、讲故事，同时喜欢看女儿跟别的孩子一起玩。也许是房子离工作地点太远的缘故，好莱坞的同事们都认为这夫妻二人生活隐秘、神秘莫测。

往来的人有邻居瓦尔·卢登（编剧）夫妇，有朋友本·沃森和朱厄尔·塞尔，还有名流，如克拉克·盖博、霍华德·霍克斯一家和罗纳·考尔曼一家。刚搬来好莱坞时，福克纳夫妇的关系确实有些缓和，吵闹已然很少，但时间一久，二人便发展到相互动武的地步。埃斯特尔喝酒喝个不停，两人为此吵过不知道多少次，动手的频率也多了起来。

福克纳的苦水多半向梅塔·多尔蒂倾吐。福克纳住在牛津时，梅塔同一个钢琴家沃尔夫冈·雷布纳好上了，现在雷布纳去外地演出了，她又和福克纳重归于好。他们一起商量如何与埃斯特尔达成协议离婚，如何不失去吉尔。可是，福克纳显然知道离婚行不通，所以不作任何承诺。他对梅塔说："这么说吧，我要你永远属于我，但是，我不知道有没有可能。"

虽然知道离婚的希望渺茫，福克纳还是继续和梅塔享受温情，通常他俩去莫索弗兰克烧烤店，或者在梅塔的公寓里幽会。福克纳和吉尔在海滩上玩时，梅塔偶尔也去。有一天，福克纳竟然把梅塔带到家里做客，介绍说是本·沃森的朋友。梅塔对埃斯特尔的印象是矮小、憔悴、不快乐。言谈中，埃斯特尔识破了梅塔是谁的朋友，一翻脸变得凶狠泼辣。她愿意做出安排，独自过日子，但绝不同意离婚，不愿意重新开始，不愿意放弃她需要的这一切——名气、家庭和女儿。

梅塔也做出了让步，主要是害怕埃斯特尔凶狠泼辣的个性会把丑闻传开，因此决定离开福克纳。梅塔重新回到雷布纳身边。12月份的时候，她决定和雷布纳结婚。这时，福克纳请她再"宽容一些时间"。

福克纳极力挽回梅塔的心意，心慌意乱地找她倾诉苦楚和对她的爱恋，巴望她能够看在两人过去度过的美好时光上回心转意。可是，福克纳终究没有勇气离婚。最后，他只好祝她幸福、悻悻离去。不久，梅塔便去纽约、伦敦和德国度蜜月。而他则在《押沙龙，押沙龙！》300本限量版的第一本上题词："赠给梅塔·卡本特，不论她在哪里。"

3. 紧张的创作

虽然福克纳的家庭生活几乎是一团糟（当然主要是由他本人造

成的），在一定程度上影响了他的工作情绪，使他有时想一醉解千愁，但无奈合同上有一款写明，在职时酗酒的话，合同立即取消，所以只能忍耐。于是，他每天规规矩矩地上班下班，不敢在上班时喝酒。

他努力工作，写了大量剧本；同事们和他相处得也很愉快，有几个年轻人还颇为敬重他崇拜他。但是，他写出来的东西多数不能达到预期的目的：有的剧本乱而不连贯，老是让别的故事打岔；有的虽不离谱，但仍然不能用。戴维·汉普斯特德后来说："比尔写的东西金碧辉煌，可惜同当时的电影毫不相关。"

华纳公司交给福克纳的任务几乎没有中断过，偶尔中断也是短暂得可以忽略，其间他创作了《奴隶船》、《巨手一挥》、《分裂舰队》、《舞厅》、《摩和克沿岸的鼓声》等剧本，产量惊人。几年间，他不停地为了生计而创作，可并不是创作他喜爱的小说诗歌，而是毫无兴趣的剧本，这让他极为痛恨那纸卖身的合同。但他又不能抽身离去，否则连一分钱也别想赚了。后来他说："我老是哄自己说，星期六他们要给我钱了，要给钱了。"

福克纳编剧本既大材小用，又力不从心。事情明摆着，他不胜任这项工作。不饮酒的日子，对他是那么的难熬，开始他还能控制自己，后来就干脆放纵，不停地喝酒，甚至谎称生病不去上班。1936年秋，梅塔准备嫁给雷布纳时，他便失控过几次。1937年春，陷于寂寞和挫折中的福克纳常会"在火炉中醒来"（他称"黎巴嫩香柏"和"好撒玛利亚人"这些医院为"火炉"）。他因酗酒住院不是一次两次了，每次从医院醒来他都对自己深恶痛绝，但出了医院就忘了酗酒带来的痛苦和羞愧。

福克纳断断续续酗酒多年：年轻的时候，他觉得喝酒装醉有利于突出他落魄文人的形象（一个酒鬼更符合失意者的状态），还觉得醉酒增加了神秘感，那时候他完全能控制饮酒量。第二个女儿出生后，他为了新生的女儿放弃喝酒很长一段时间，只有在生活和创作极度不顺心的时候才喝一点。

他扮演过借酒浇愁的角色，他亲尝借酒浇愁的滋味。1936与1937年之间，在加州，他开始大肆酗酒。促成他酗酒的原因有这么几个：首先是和埃斯特尔的关系日趋紧张；其二是梅塔弃他而去，令他十分痛苦；其三，好莱坞没完没了的工作令他厌烦。他曾对弟弟说："要不是为了钱，我才不愿意住在那里呢。"他怀念他所习惯的消遣和去处，特别是山楸别业和牛津附近的山林。可以说，他习惯了自由的生活和自由的创作，而好莱坞的一切都充满限制和条条框框，就连那里的宴会都不能使他开颜。

独自一人在好莱坞，福克纳不胜寂寞。由于开始思念女儿，他便把埃斯特尔母女接到好莱坞团聚，一家人过了一段其乐融融的生活。

5月份，母女二人先行回到牛津。随后，20世纪福克斯公司告诉他不再续签合同。

这个消息既是好消息又是坏消息：好消息是他可以摆脱电影的束缚，可以回家照顾女儿；坏消息是离开好莱坞，他将失去丰厚的收入和安逸的生活（好莱坞的收入太好了：1936年挣了大约2万元，1937年前8个月挣了不止2.1万元）——丰厚的收入让他不再靠借钱度日，失去合同就意味着他可能要重回以前的日子。

最后几周中，福克纳写写书、开开飞机、喝喝酒。告别几个朋友后，他跟达里尔·柴纳克约了一个时间，把自己对他和电影厂的看法一股脑发泄个痛快。几周之后，他启程回牛津，整日和女儿玩乐，偶尔去树林骑马。

1947年4月，他买下30英亩土地，作为自己即将到来的40岁生日礼物。

4. 嗜酒成性

刚回到牛津不久，福克纳10月中旬又启程前往纽约——他心里放不下梅塔，同时惦记着赚钱养家，还有《未被征服者》的出版也是一块心病。另外，他想找罗伯特·哈斯谈谈，请兰登书屋保管他的积蓄，定期定量给他汇到牛津去（否则，他怕自己不在牛津时被妻子挥霍掉）。

此时，福克纳原来的编辑——哈尔·史密斯已经离开兰登书屋，萨克斯·克明斯成为他的新编辑。他经常在克明斯的办公室里看小说校样，同克明斯合作得十分顺利。除了工作、根据安排露几次面外，他仍留有不少时间探访故旧，如哈尔·史密斯、吉姆·迪瓦恩和梅塔·雷布纳。另外，他时常出席酒会。

有一次，他在酒会上碰见故交——舍伍德·安德森，便过去打招呼。二人亲切地交谈起来，似乎以前的不愉快从没发生过。交谈间，福克纳猛地觉得这位老朋友"比他写的任何东西都更高更大"。他描述当时的感受时说："我记起《俄亥俄州瓦恩斯堡》、

《鸡蛋的胜利》和《马和人》中的几篇。这时，我意识到站在我面前的人从前和现在都是一位巨人——住满矮子的这个世界上的巨人，尽管他只有那么二三下招式也不愧为巨人的手笔。"这一次的偶然相遇令福克纳印象深刻，久久难忘。

纽约之行除了有和旧交叙旧的好处，还有一点坏处：他在纽约见到梅塔后，不禁伤心起来，为了缓解悲伤，便整日躲在宾馆的房间里，喝得酩酊大醉、不省人事（在去纽约之前几个星期，梅塔来信说要见他；他怀着破镜重圆的希望去见她，见面后才知她并无此种打算）。

一天，一位朋友由于长时间看不见他的踪影，便到宾馆去找他。当看见他的样子时，朋友大吃一惊：只见他身穿内衣裤、人事不省地躺在地板上，空酒瓶满地皆是。朋友想让他起来，但他身体虚弱无力，根本无法站起来；不仅如此，由于醉酒之后倒在暖气管上时间太长，他的腰部也被灼伤了。

朋友立即找了一个医生和另外几个朋友一起护理福克纳，使他很快康复。

不过，才康复没有几天，他就又露出情绪紧张的迹象。朋友们焦急万分，问他想见什么人，他回答说想见朱厄尔·塞尔或者舍伍德·安德森。

安德森听到福克纳的召唤，便过来照顾他，和他聊天解闷。这对福克纳的帮助很大。

等到福克纳的身体稍微恢复、可以走动的时候，朋友亲自护送他回牛津，并且在牛津陪伴了他几日。

养伤实际所花的时间比他预计的更长，其间为了治疗他的腰部灼伤，医生不得不多次刮肉、几次植皮，这导致伤口感染化脓，使他吃足苦头，并在他腰部留下永远不褪的疤痕。

然而，不出几个星期，他又写起了小说，并取名为《如果我忘记你，耶路撒冷》（后来改成《野棕榈》）。写完后，他请贝内特·瑟夫给三个人各送一份——吉姆·迪瓦恩、舍伍德·安德森和梅塔·雷布纳。

写作进行得比较顺利，但身体却没有完全恢复，这使得福克纳在半夜里经常被病痛折磨得无法入睡。此时，他只能忍痛写作。虽然此时的速度不如1929年时的速度，但恢复和重新投入写作不如他担心的那么困难。所以，12月，他充满信心地写信告诉哈斯，小说进行得相当顺利，还补充说，可望于来年5月完成。但是，病痛的折磨还是使他没有在5月份完成——他把打字稿寄给兰登书屋时已是6月底了。

书成后不久，他又写信给罗伯特·哈斯说："这6个月来，我一直生活在家庭纠纷和背痛并发的特殊环境中，不知道这部小说是好，还是胡说八道。我好像坐在墙的这一边，纸却放在墙的另一边，执笔的手是在墙上捅个洞在漆黑中摸瞎写的，根本看不见纸，不知道字是否写在纸上。"

可见，创作《野棕榈》时，福克纳不仅忍受着身体的伤痛，更忍受着梅塔离去的折磨，而且埃斯特尔在家里也不让他省心。

当然，也有别的麻烦：1937年冬天，福克纳不得不常常成小时地陪埃斯特尔的女儿维多利亚谈天，并朗诵诗歌给她听——她被丈夫遗弃，处于伤心欲绝的状态中，需要亲人的安慰。他对维多利亚表现了慈父般的爱——虽然不是她的亲生父亲，但仍然悉心安慰她。多年以后，维多利亚回忆说："是他使我活了下来。"

1938年2月，福克纳如愿以偿，买下了320英亩农场，并命名为绿野农场，就此实现了他耕田种地的愿望。

从《野棕榈》的写作中，福克纳重新树立了创作的信心——这部作品虽然不算完美但还令人满意。

不出几个月，他又着手另一个宏大规划。这时，他不用为钱发愁：米高梅影片公司同意买下《未被征服者》，愿付2.5万元。

买下绿野农场后，福克纳写信告诉莫顿·戈尔德曼说，他终于可以什么时候想写就写，想写什么就写什么了，这可是他"梦寐以求的"。

《野棕榈》收稿之后，他开始照顾农场，享受喂养牲畜的乐趣。他没有养牛，而养了一些骡子。他对骡子的喜爱可以追溯到好多年前：他在第一部约克那帕塔法小说中就讴歌骡子对时间和环境的漠然、对土地的忠诚，以及骡子的坚贞不二。他对骡子的评价是："它不像父亲不像母亲，不生儿育女。"为此，他不养能赚钱的牛，而选择养骡子。

9月底，去纽约为《野棕榈》作最后定稿时，他正在写一些既像高个子罪犯又像绿野农场附近的山民那样的人物。在纽约时，他为这部作品改了书名，并请哈罗德·奥柏当他的经纪人。

他也出席了几次宴会，拜访了一些老朋友，包括梅塔·雷布纳和吉姆·迪瓦恩（一年之前，他还对梅塔的离去伤心欲绝，此时却想开了，再见到她似乎无动于衷了）。

到纽约后没几天，他写信告诉吉尔，带去的故事已经写完，打字工作已经在进行之中了。

5. 债台高筑

福克纳出名了，获得了文学界的认可。1939年1月中，他被任命为全国文学艺术研究院院士；1月23日，他的相片刊登在《时代》周刊封面，神情庄重，活像20世纪的惠特曼，只穿衬衫不系领带。牛津镇人仍然不喜欢他，但是不得不承认他的名气给这个邮票大小的地方带来了不少游客，间接地改善了他们的经济和生活。

12月，《时代》周刊准备报道他时，曾来采访他。接受采访时，他重温了作为"老上校"曾孙的荣耀，却几乎没有提到父母。他对记者罗伯特·坎特韦尔说："原址什么都没有了，房子、种植园的界石，都没有了。除了一座雕像，他的业绩一无所剩。但他仍是一股活力驰骋在那地方。我更喜欢这样。"后来，他带坎特韦尔去山楸别业考利奶妈住的小屋，去绿野农场看内德·贝内特大叔。

1940年3月份，福克纳的良师益友菲尔·斯通突然来信请求他的帮助：两年前，自从菲尔的父亲和兄长去世后，他接管家业，企图振兴日渐衰败的家族企业，但由于经营不善，已经弄到了濒临破产的地步。老朋友有难，福克纳岂能袖手旁观？他立即伸出忠实、慷慨的手，就像当初舍伍德·安德森对待他那样。

尽管几年来福克纳与菲尔的关系出现紧张的迹象，但在此关键时刻，他还是情愿损失大量财产来帮助这个旧时好友。他写信告诉罗伯特·哈斯，愿意出卖或抵押任何东西，包括手稿；愿意签订任何合同，因为他急需钱，十万火急。

菲尔面临一场官司，欠人家7000元。福克纳跑了几个地方借了6000元寄给他，解了他的燃眉之急。

可不到一个月，他又听说一个老朋友需要钱用——梅塔·雷布纳告诉他，她同沃尔夫冈的婚姻破裂，需要钱买火车票到亚利桑那父母家去住一阵。

福克纳很快凑了钱，约她在新奥尔良见面。见面后，二人一起参观了福克纳十年前生活的地方。不久，在新奥尔良的老城区，两人重新偷情。

几天后，两人又分开了，梅塔回到亚利桑那的丈夫身边，福克纳则回牛津老家。

后来，福克纳听说梅塔同丈夫破镜重圆的努力失败，便再也无心创作。这样，他自然没有经济来源，只能靠借债度日。

渐渐的，有大笔的账单等着他去结清，迫使他必须重新开始写作。他写信告诉哈斯，他只希望写作能给他固定收入，数目倒不必太大，但是要靠得住（他担心大额支票会被夫妻两个挥霍掉，接着又得向人借钱）。

他问兰登书屋能否帮他这个忙，每月付给他固定的一笔钱，哈斯答应了，但金额不能如福克纳期望的那么多。福克纳对哈斯表示感激，同时自己也另想办法还清债务。

但是，他想来想去，还是没有好办法，于是想到另找合作者。6月，他差一点脱离兰登书屋而转入瓦伊金出版社；一个月后，他匆匆从纽约回来，继续同兰登书屋合作——问题仍未解决。这样下去，他担心自己会崩溃。

所幸的是，情况虽然不妙，但还不算直线下降，只是起伏比较大一些。《晚邮报》和《柯里尔》两家杂志审稿严格、不讲情面，经常不录用他的稿件，1936至1938年，他年收入2万元；1941年，政府宣布他大笔税赋逾期未付后一年，他的收入不过3800元。

更糟糕的是，福克纳和埃斯特尔的挥霍习惯终生摆脱不掉——就在自称破产之后，他还在继续挥霍，穿的是高级猎装，用的是定制的手工锻打的新猎枪。有时，他顾影自怜，怨家人挥霍成性、没有良心，把他压垮了。在一封信中，他称自己的境遇"实在莫名其妙，令人紧张"。照理说，"艺术家应该没有经济负担、良心责备等问题"，可是福克纳不仅担负一家三口的生计，还抚养妻子和前夫的两个孩子，母亲和弟弟的妻女也由他照顾，使他不堪重负，并时常发脾气。但是，阵阵"狂怒和无能为力的感觉"发作过后，也有清醒的时刻，他也时常怪自己不会理财，自己挥霍并鼓励家人挥霍。

经济问题压得他喘不过气来，创作受到极大影响。1940年春天，他工作得还好；到年中便不能甚至不愿提笔。他不能精力集中地创作，因而经济问题更加严重。他总是在制定写作计划，但没有一个付诸实践。比如：他时常说"我有一部充满血雨腥风的神秘小说，应该卖得出去"、"我有一则好故事，哈克伯里·费恩一类的故事"等话，可是最终都没有写出来。这样，他的厌倦、沮丧日甚一日。

到了1940到1941年之交，他即将宣布破产，心情更加抑郁难平。

此时，第二次世界大战爆发，战争的威胁逐渐逼近。

1941年3月，他在写给哈斯的信中说："我现在飞得相当稳……如果我有钱养活家人，我要去英国干我的老本行。我大概还胜任。不行的话（如果我有钱），我要去试试美国空军，即使嫌我年纪太大，不能上天，我还能开船、当教练。"

战争让他重新想起飞行员的梦想，可是他知道那将永远是一个梦而已。5月，他重新提笔，写作一年前酝酿过的一部书，其中有的故事早已写好，有的打算重新写。"总的主题是这里的白人和黑人之间的关系。"他把题目定为《去吧，摩西》，可是迟迟下不了笔。他要修改以前写好的故事，希望在"修改过程中带出一些新材料来"，觉得这次的写作应该会比较顺利。

12月份，他终于完成这部作品。他觉得自己完成了又一部巨著，在稿子的一处写明"照我写的排"，又一处指示"别动标点符号或结构"。一个月后，他给罗伯特·哈斯寄去题词，这是他最动人、最得体的一篇题词。

6. 六年沉寂开始

福克纳45岁的时候，已经靠借钱生活了好几个月，他想写几个短篇赚钱，可总是无法专心投入，最后一笔保险金提出后，他一点储蓄也没有了。"如果有人起诉，除了住房外，全部产业都完了。女儿、母亲和妻子将一无所有。"他急迫地想换个环境，躲避债主的追债，希望有那个地方，可以不让他见到债主而安心工作。

他想到的一条出路是华盛顿和战争，另一条是好莱坞和电影。他选择去华盛顿，希望得到委任；但是，44岁的人没有资格得到他想干的军事任务——驾驶飞机参加战斗。正在他头疼该往何处去时，好莱坞来电请他出山，这使他高兴万分。

其实，早在1938年10月，福克纳已打听有无可能回好莱坞，但当时没有人邀请他。

1941年5月的时候，一个年轻经纪人——威廉·亨顿来信说，可以为他安排一份合同，福克纳让他具体打听一下做什么，得知后拒绝，随即继续写他的《去吧，摩西》。

现在，华纳兄弟公司突然对他表示兴趣，使他又惊又喜。

接着，福克纳与华纳公司进行洽谈，结果越谈越不高兴。原因很简单：福克纳在好莱坞有两个经纪人，威廉·亨顿同福克纳直接联系，另一个是负责处理哈罗德·奥柏的西岸事务的H·N·斯旺生。斯旺生显然是二人中较好的经纪人，同福克纳的关系也比较正常。但是，先同华纳公司接触的是年轻果敢的亨顿。眼看斯旺生即将办妥合同，亨顿威胁福克纳，说他言而无信，一定要报复。

不知道是不是因为害怕亨顿的威胁，福克纳最终决定接受亨顿的300元周薪。经常愁穷的人做出这一决定已属让步，可更让人生气的事在后面：签合同时，福克纳才知道他必须为华纳公司工作七年，顿时后悔不及。

1942年7月底，福克纳来到好莱坞。不久，《晚邮报》采用了他的《上帝的屋顶板》——一篇讲乡下人和乡下教会的喜剧性故事。这对正处在经济危机中的福克纳来说，无疑是个天大的好消息。

此后整整六年，他一直过着还债的日子，苦于好莱坞的工作。

六年来，他一直没有出版长篇作品，直到合同的最后一年，才有一个短篇发表在重要杂志上。这六年可以说是他沉寂的六年，也是他无可奈何的六年。在此期间，他愁钱，想摆脱好莱坞却又无法做到，同时还为文思枯竭所苦。

福克纳痛恨好莱坞的工作，正如他痛恨战争一样，但可悲的是他还要受其控制达六年之久。福克纳不喜欢好莱坞，痛恨战争，但二者都无法摆脱。他总是觉得时间就要从指缝间溜光，唯恐自己庸庸碌碌，不留下"任何足迹在这毫无意义的史册上"。对这种毫无价值、不留痕迹的人生，他越想越觉得可怕——以前他总觉得自己的文字和想象力能助他成为伟大的人，现在则不是很肯定了。

7. 鸳梦重温

待得知亨顿合同的具体要求时，福克纳的第一个反应便是逃跑。他写信给哈罗德·奥柏说："没完没了的期限，13—13—26—26，后来又有52周的工作。"但是，为了生活，他不得不签下这份合同。同时，华纳公司的代表詹姆斯·盖勒答应他，将来会和他签订一份新合同，允许他"回牛津去工作，高兴多久就多久"。

签了合同，他住在一家便宜的叫作海伦德的旅馆里，正同罗伯特·巴克纳合作写一部关于戴高乐的电影。目前，他的目标很简单，即使不喜欢好莱坞，也要做好本职工作，等待签订新合同，存钱还债。有时，这种刻板的生活使他痛苦，导致他时常抱怨："真是无聊得可怕的生活。"但是,他还是满意地看到债务减少,并且高兴地见到老朋友,尤其是见到梅塔·雷布纳。

自从1939年福克纳与梅塔在新奥尔良重聚后,梅塔回到纽约想要挽救婚姻,但最终没有成功,婚姻还是破裂了。

在此期间,福克纳一直很怀念她,想念与她共度的美好时光。当听说她迁去加州以及她的婚姻濒临破裂时,他写信告诉她,他也可能去好莱坞。后来由于种种原因,行期一延再延,这次终于成行了。

7月的一天黄昏,梅塔开车回家在公寓门口停下时,只见福克纳"盘膝坐在那里,行李整齐地堆在台阶上"。

自从两人在好莱坞大街步行到莫索弗兰克烧烤店吃饭的时候算起,已有五年了。此时,福克纳显得年老了不少,而且经济能力也不如以往——1937年的时候,他每周能赚1250美元,如今薪水降到了300元。但是,两人不顾这些无法改变的事实,试图鸳梦重温,"只当中间没有断过这一阵"。

他们又重新在一起了,但是再也找不到五年前的激情。梅塔提出同居,但福克纳似乎并无此意。福克纳为了珍惜以前的回忆,回答她说:"那样做,会酿成大错。我们需要去一个没有时间的地方——'南北战争前那样富丽堂皇的地方',在那里,彼此看不见对方的缺点。"

福克纳厌倦了婚姻,深以为婚姻是爱情的坟墓。而且,他也不愿意在好莱坞这种招摇的地方和梅塔同居——他们宁可谨慎小心,不能太惹火,要像忠实的朋友那样重新恋爱而不破坏早先那段伟大情史的回忆。

福克纳和梅塔在一起，快乐地谈情说爱，一起读诗，有时候也谈一谈各自的心事，谈吉尔、谈梅塔的工作和福克纳的倒霉合同、谈福克纳最近想去当兵的企图、谈他已写的和想写的书。

或许两人关系过于亲密，反而觉得厌烦了，他们渐渐地彼此都想要独立的空间，也有些疏远了。

在好莱坞，福克纳喜欢拜访桃乐赛·帕克，喜欢同其他作家在莫索弗兰克烧烤店、森西大街的普雷斯登·斯特奇演员之家或者拉吕消磨夜晚，偶尔同霍华德·霍克斯和克拉克·盖博一起打猎钓鱼。有时，他会同路丝·福特一起参加舞会。路丝·福特是福克纳弟弟的女同学，是一个年轻活泼的女演员，福克纳曾开玩笑说想做她的情人（但这时还乐于当一个"规规矩矩的朋友"）。

他在电影厂里写了一个又一个剧本，大都同战争有关。第一个本子因为戴高乐失去了伦敦和华盛顿的好感而被扔进字纸篓。在好莱坞这个盛产电影的圣地，不愁没有剧本可写，所以福克纳总是忙个不停。第一期13周快结束时，他期待厂方兑现诺言，同他重新签约、提高工资。可是，贾克·华纳却仍用老合同约束他，使他的工资提高不多。

当意识到不能签订新合同时，福克纳就借酒消愁，一醉方休。伯兹和梅塔把他从电影厂悄悄拖出来后，他不久便又上班去了，同时感激两位朋友保住了他的饭碗。他虽然不愿失去这项工作，却并不喜欢它，甚至更加厌恶它。贾克·华纳存心欺负他，给他的工资远比其他经验相仿而文学声誉不如他的作者少，使他深感屈辱。但是，由于合同的原因，他不能有所抱怨，也不能挑肥拣瘦。意识到这一点，他更加愤懑不平——照目前的合同，他可以使债主不近身，但是距还清欠债还早着。

为了求调剂，他请假一个月回山楸别业过圣诞。但是，贾克·华纳准假是有条件的——他必须继续写《解放者的故事》。

回到山楸别业后，福克纳度过了一段相对快乐的时光。在此期间，唯一的坏消息是，兰登书屋通知他，1942年应得的版税总额不过300元（其实这也是意料中的事）。

圣诞节以后，他离开山楸别业，回到好莱坞继续努力工作，希望能还清债务。1月，他计划从4月起请长假，希望可以回来搞自己的创作。然而，两个月过去了，他还是没能请到假。这让他厌烦，于是又开始酗酒。6月中，他大部分时间不是靠医生、护士，就是靠伯兹、梅塔、乔·帕甘诺等朋友帮助，才没有因酗酒出现危险。他厌恶好莱坞和华纳兄弟公司，宁可电影厂终止合同。7月，尽管有过6月中的酗酒表现，电影厂仍然同意给他签52周的合同，周薪400元。

后来，他又同霍克斯合作4月间中止的一项任务——《交战呐喊》。霍克斯不时谈起想自立门户当制片人，雇福克纳当编剧。不久，福克纳想起以前写到一半的剧本，希望能帮他摆脱好莱坞。他写信告诉埃斯特尔说，如果电影厂和导演都满意，他可以一举两得：他可以自由了；只要他写出一部成功的影片，华纳公司就同意解除那"7年的合约"，他可以同霍克斯合作，"暂时摆脱破产的担忧"。

福克纳兴高采烈。埃斯特尔开始怀疑是否是"霍克斯把他的老秘书请了回来"（不过，事到如今，她既不嫉妒，也不认为梅塔有多大威胁）。事实上，埃斯特尔猜得没错，福克纳兴高采烈的一部分原因确实是有梅塔陪伴写作。

　　但是，他的高兴劲并没有持续太久：华纳和霍克斯在钱的问题上争执了好几个星期，结果8月初，在福克纳写信告诉埃斯特尔谈获得自由和经济保障的希望后的几个星期，霍克斯拂袖而去。后来，福克纳又获悉《交战呐喊》被放弃，更加感到郁闷，于是酗酒更凶。再后来，为了免受打击，他要求请假6个月，暂时离开好莱坞——哪怕留职停薪都可以。8月中旬，他获准离开，但只准假3个月。

第六章 步入老年

1. 十年《寓言》

1943年，福克纳开始提笔写一部作品，他写信告诉哈罗德·奥柏说："我正在写一个东西，大约1万至1.5万个字，是一则寓言，也许谴责战争，因此目前不适用。我先写个故事梗概。"

福克纳根本没有想到这部作品会整整写了十年之久，又花了十年，篇名才定下来，叫作《寓言》。写作此书极为困难，但他仍然不愿放弃，他认为这将是一部旷世杰作。十年下来，删掉的文稿一大堆，可以说每个场景都几经改动。创作期间，他的情绪也时起时落，反差极大。他在给萨克斯·克明斯的信中写道："如果等我年纪老了，身后能留下这么一部大书，我可以立刻折断铅笔丢掉。"

有一次，他对一个熟人说，他正创作的这部作品是"一本可能划时代的巨著的手稿"。尽管创作折磨他，心绪摇摆不定，作品的基调却早已确定。写作此书之前，他已经有很多巧思，满脑子的想象、思考和说教。

这一新规划在各方面都反映出，福克纳对自己作为艺术家的使命的基本观念起了变化。他说："战争不利于创作。"战争盗用人的精力和注意，使人无暇顾及艺术。战争来得不是时候，他"还没老到对战争无动于衷"，但已老得不能服役。他感受到战争的戏剧性以及战争可能解决的问题。于是，他对继子说："很奇怪，人不论多么聪明，总想向大众证实自己是条好汉，有勇气有毅力，愿意为造就祖先的土地而捐躯。"他渴望证明自己"不比别人差",然而又知道自己年纪太大了,无可奈何地承认这辈子永远不能亲尝响应军号的光荣了。

福克纳把战争看成一段流失的时间,更奇怪的是,他把战争看作个人生活的分水岭——宣告以前写的那类虚构小说的时代结束,现在试图写的另一类虚构小说的时代开始。1943年10月,福克纳为了完成电影剧本而要求延长假期。

1944年1月,对这部小说进行修改时,福克纳突然构思大变:他把它想成一本书而不是一部电影,需要花更多时间去写。

不过,他的想法总是变化莫测:9月间,他把这部作品说成是"一则寓言,或许是对战争的谴责";到了来年1月,又把它说成是一篇论说文,中心思想是人类不敢糟蹋求得和平的"最后机会"。

福克纳期待战争带来变化时,担心自己等不及,便准备从长短篇小说转而写作警世寓言,从侧面写转为正面写,从"不能促使任何事情发生"的虚构小说转向至少争取变化的论说文。但他感觉到时光飞速流逝,怕自己等不到那一天。他写信告诉哈罗德·奥柏说:"我有不小的才华,不亚于同时代的任何人。可是,我已经46岁了,不久只好说'我曾有过'才华而不能说'我有'了。"

不仅战争带给他困扰,经济也是他长久需要战胜的困难。他不得不每天为了钱财而写作。但写作《寓言》带给他前所未有的痛苦,他发现自己思维迟钝(或许因为年纪大的缘故吧),而《寓言》的创作和他以前的创作完全不同,他不能驾驭。

之后,福克纳回到好莱坞,极不情愿地为了讨生活而创作剧本,大多数剧本并不称心如意,唯有改编海明威的《有的和没有的》为他挽回了一些威望。一直到1945年1月，福克纳才重新拿起《寓言》，同兰登书屋谈妥"预支二三千元钱，大约3月中要"。信中，他对出版商说："我写作经历的大部分时间是一个'没有受过正规教育的诗人'，只凭本能对自己所作所为的价值和真实性有强烈的信仰和信心，对修辞有无比的勇气（承认有此癖好）。对其他东西则所知甚少，也不想知道。"

现在，他"写了又重写，斟酌每个字的分量"。这一变化意味着"需要更长时间创作此书"，为此他心烦意乱，但是，他认为这是新的成熟的标志。"

《寓言》虽然让他陷入痛苦，但同时也让他潜藏在潜意识中的模糊的东西变得逐渐清晰可见。他在写给马尔科姆·考利的信中称："自己素来写人物而不写思想。"即使在结构最复杂的试验性作品中也是如此。他认为考利关于《押沙龙，押沙龙！》的意见说得对："我首先在讲一个我认为不错的故事。我认为昆丁在《押沙龙，押沙龙！》中可以讲得比我好，但我接受并感激你所做的补充，尽管我在写作时并未有意识地顾到这些。"反过来，他在《寓言》中步步为营地照顾到思想及其象征意义。

1945年6月7日，他回到好莱坞决定静下心来续写《寓言》，"从头来起"。一连好几个星期，他坚持自己规定的日程：出门去电影厂前必写作4小时。他住在贝兹里兹家，同伯兹一起上下班。同事们看到他是如此有规律地生活、写作，喝酒也极为克制，与他去年12月的情形大相径庭。

在电影厂，他开始改编斯蒂芬·朗斯屈里特的《种马路》。他的剧本写得"奔放、美妙、痴狂"，虽然不太符合电影厂的要求，但是据原作者朗斯屈里特回忆，它"是件瑰宝"，以后可拍成新潮电影。

这样有规律的工作写作持续的时间也不长。由于手头拮据，他另接了一份工作——为让·雷诺阿根据乔治·赛兴斯·佩里的写佃农的故事拍摄的《秋天在握》写剧本。

后来，福克纳又同意和马尔科姆·考利合作，为瓦伊金出版公司编《袖珍本福克纳作品集》。当时，除《圣殿》外，他所有的小说均已绝版，编一部文萃显然有利无弊。

9月份，梅塔决定与福克纳分手。之前，她还傻傻地希望与他结婚，但逐渐看出他根本没有离婚的打算，因而失望至极，不得不离开伤心地。几年前，福克纳已看清自己希望从这场恋情中得到的是什么；如今年纪越大，越正视现实，也越清楚了解自己的欲望——他要的是一部永恒的浪漫史，而不是不美满的共同生活。他珍惜与梅塔的感情与一起度过的日子，所以他更不能让两人的结合毁了这美好的回忆。

他迷恋梅塔的温柔体贴，但他也认为女人一旦结婚就失去了魅力，就像埃斯特尔一样。后来写信给她说："我知道，悲痛是赶不走的一个部分，有了它，爱情方才完整。悲痛是你唯一能保住的东西，失去的东西才觉得宝贵，因为你再也不可能厌倦它、不明不白地失去它。"梅塔·多尔蒂明白了自己永远不能完全理解福克纳——他说爱她，却不愿意娶她，因此她很恨他。行前两天的晚上，她不理睬他；最后一晚，她还是原谅了他；第二天早晨，他最后碰一下她伸出的手，转身返回密西西比。

回家后不久，福克纳度过了48岁的生日。然后，他又开始写

《喧嚣与骚动》的附录——这是他应允为《袖珍本作品集》而作的。附录写作顺利极了。

10月中旬写完《附录》时，福克纳正在压缩考利的长篇序言中的传记部分，特别是涉及第一次世界大战之处。当考利询问他在法国上空英勇作战的详细情形时，福克纳请考利不要记叙此事，只要说1918年参加英国皇家空军就可以了。因此，1946年4月出版的《袖珍本福克纳作品集》，对福克纳曾否光荣负伤一事不置可否。

写完给考利的东西后，福克纳执拗地继续写《寓言》，但工作既无节奏又无进展。不久，又有好消息使他精神振奋——《袖珍本福克纳作品集》得到好评，此书让更多的人对福克纳及其成就有所了解。不久，兰登书屋已准备再版《喧嚣与骚动》和《我弥留之际》，收入《现代文库》。这又带来其他几部小说的再版。

回到中断的《寓言》创作中，他愈发肯定这将是一部惊世之作，同时也意识到此书中新的样式多么的困难和不容易。写不下去时，便担心自己才思枯竭。有时候，实在写不下去，也要逼迫自己，仿佛全凭意志在写。创作过程问题丛生，整个过程变成痛苦："写错也慢"、"改正也慢"。

几年后，《寓言》终于全部完成。

2. 重拾声誉

1948年1月，他把"这部大稿子搁在一边"，写一则约克那帕塔法发生的凶杀故事。这个凶杀故事涉及种族争斗，主要是黑人和白人之间的斗争，很短时间便写作完毕。他写信告诉奥柏说："它的主题是黑人、白人之间要有亲密的关系，前提是南方的白人比北方、比政府、比任何人亏欠黑人更多，所以必须对黑人负责。"可以看出福克纳个人对种族问题的关注。

其他方面，特别在简短的对话和周密而强烈的情节方面，反映出作者近年来的感受，包括在好莱坞的反复遭遇。但只要一回到约克那帕塔法及其中熟悉的人物和声音，福克纳便不是无奈而是迫切要创作。很快，他在这部小说中重拾自信，一个月时间就完成了初稿，两个月就打出来了，并为小说起名《坟墓的闯入者》。

《坟墓的闯入者》不仅是福克纳初试用"民族的声音"说话，也标志着他终于走出最后一步。连他自己都没有想到的是，这部《坟墓的闯入者》会给他带来名利。对于《坟墓的闯入者》的艺术性和思想性，评价不一，但是反映来自四面八方，数量之多，连牛津的《鹰报》也承认福克纳是"牛津最伟大的小说家"。此书出版以前，或者说盛名来到以前，贝内特·瑟夫把版权以5万美元卖给米高梅公司摄制电影。

几个月前，福克纳还在抱怨他一辈子献身写作事业，但是却从来没有凭借写作获得物质上的满足。如今有了银行存款，可以旅行，可以买游艇、农作物书籍，可以扩建房屋……他对这些东西的欲望不断上涨，以至于5万美元很快就花光了。不过，这一次福克纳不用担心钱花光就没有了，往后他会收到源源不断的稿费——全拜这部种族小说所赐，他和他的家人可以任意购买他们向往已久的奢侈品。

整个夏天，他和几个朋友一起造了一条画舫，取名为"明马格里号"，在萨迪斯水库下水。成功令他兴致倍增，他重新干起了自己喜爱的娱乐和其他的事情。先前谈起过收集自己写的故事，如今准备着手进行，把集子编得有特色，连《寓言》也似乎能写下去了。他最想做的事情莫过于出门旅行，在等待《坟墓的闯入者》出版时，他去了纽约。在赴宴、接受采访之余，他抽时间同哈尔·史密斯、吉姆·迪瓦恩等老友，以及马尔科姆·考利等新交喝酒聊天。

但是，最吸引他的是路丝·福特。在好莱坞时，他满足于当她的"规规矩矩的朋友"，在纽约则要求当她的情人。他说："我做你的规矩朋友好长时间了，该不该升级了？"路丝婉言拒绝了他。这严重影响了他的情绪，导致起初活泼风趣的他，如今多喝酒少说话，最后关在阿尔贡昆的房间里喝个酩酊大醉。朋友们见他虚弱疲惫，就把他送进疗养院；出院后，又把他送到康涅狄格州谢尔曼县马尔科姆·考利的家里，等候康复。

后来，考利提到福克纳在他家疗养的事情，称赞福克纳是一个懂得克制和有决心的人。福克纳感觉稍好后，就立即回到纽约。他先在路丝家里吃晚饭，然后在兰登书屋同阿尔伯·欧斯金、萨克斯·克明斯和罗伯特·哈斯谈几次话，接着准备回家。一个假期就此结束。

回到家中，他开始着手编撰故事选集，《寓言》也重新开始。不久，他写成了《让马》。

与此同时，《坟墓的闯入者》被拍成电影让牛津人激动不已，因为农场和水库都变成了旅游景点。

从完成《让马》到《坟墓的闯入者》的电影于1949年10月11日在牛津作世界性首映之间，福克纳继续写他的大作，也继续打猎、航海和种田。其间，他声称不参加首映式。

多少年来，只有少数几个牛津人（特别是麦克·里德和菲尔·斯通）是他的忠实朋友。现在，整个牛津镇人都以他为荣了。家人劝他出席首映式，他不听。最后，埃斯特尔打出王牌，请来了巴玛奶奶。她对福克纳说，她要看他上台谢幕，并嘱咐他务必衣着体面地去参加典礼。

3. 枯木逢春

谁也没有料到，在福克纳50岁之后，还会遇到一个令他神魂颠倒的女子。这位女子是福克纳的一个崇拜者——琼·威廉斯，人长得窈窕、美丽、聪明。

1949年8月，琼·威廉斯从家乡孟菲斯来牛津，谋见福克纳一面。她想当作家，正要回巴德学院读四年级。他们的第一次见面没有什么特别，而且匆匆结束。后来，她又写了一封短信给福克纳，他读后"犹如少年时的回忆"，使他觉得自己"又年轻了，勇敢、洁净、硬朗"，因此同意回答她可能向一个"中年作家"提出的任何问题。

琼的问题出乎福克纳的意料，在他看来，那些问题充满暧昧的气息，并不是一个学生向老师提问的惯常问题，而是女人同男人平静地躺在床上沉入睡乡之前才提的问题。接着，他又叫她不要"因为必须等待，甚至因为提出这些问题"而难过，也不要因为提了一些没有答案的问题而难过——哪怕明知找到答案的希望不大也无所谓，因为提出问题是获得进步的首要一步。

一连几个月，福克纳对待琼像对待一个好学的学生，指导琼的创作。他阅读她写的东西，寄给她必读书目：《圣经》和莎士比亚·豪斯曼、马尔罗和柏格森。两人相识不久，她寄去一则《小姐》杂志上发表过的故事《日后雨》。可是，这种纯粹的师生情谊实在令他无法忍受，他无法继续再伪装下去——掩饰自己的感情根本不可能。

过去几年中，福克纳从来没有感觉自己年轻硬朗过，唯有她唤醒了他的这种感觉，自然把他深深吸引住了。他在信中表达对她的爱恋，他愿意和她谈论文学的时候也谈论爱情。

他们开始合写一部剧本，并于1950年2月在纽约见面。这时，福克纳已有了第一幕的提纲，他越来越热烈、坦率而坚决，使琼感到不自在；她一迟疑，他便不快乐，虽然合作的设想并未落实，他继续写剧本，写信告诉琼进展情况，并说她要怎样都依她，但是他"不仅什么都会想象，还会希望并信以为真"。春天快结束的时候，福克纳完全无法控制自己的感情了，他做什么娱乐都快乐不起来，只因身边缺少那可心的人。

他要"再作4月的春游，哪怕一天、一小时也好"。和琼在一起，他觉得年轻、洁净和硬朗。只要她不在身边，他就强烈地意识到自己正逐渐衰老，甚至觉得连提笔的力气都没有了。他对吉姆·迪瓦恩说："以前有过多少日子坐在书房眺望窗外时，知道自己在工作。如今坐在书房眺望窗外时，知道自己不在工作。"即使美国文学艺术院授予他霍威尔斯奖章，他也提不起半点兴致，觉得无所谓。

他说以前写了一本又一本，总觉得每一本都不够完善，但是知道"还有下一本"要写："如今年已50，回头看，只觉得本本不错，但同时醒悟这种感觉最要不得，因为它意味着时辰已近——黑夜、幽暗、长眠的时辰已近，我将永远放弃我为之激愤、为之呕心沥血的一切，我将不再会为之苦恼。"

在琼踌躇、福克纳舔舐自己伤口之际，埃斯特尔醋海起风波。她对梅塔·多尔蒂作过无奈的让步，眼前的事太叫人受不了。琼才比吉尔大几岁，孟菲斯离牛津又近。气急败坏的埃斯特尔决定不再忍气吞声，她私自拆看丈夫的信件，甚至找到琼的父母无理取闹。她的极端行为迫使福克纳与琼的合作终止。福克纳求息事宁人，答应回头。但是，他要求4月春游的欲望远非自己所能控制的。明处，他屈服于埃斯特尔的压力；暗处，他仍然给琼写信求爱。

夏去秋来，僵局依旧，琼、埃斯特尔和福克纳三人维持着三角关系。

4. 喜获诺贝尔文学奖

很多时候，人们不期待荣誉的时候，它却从天而降：1950年11月10日早晨，电话铃声打破了沉默：纽约来电通知福克纳获得1949

年诺贝尔奖，表彰他的"感人至深而风格独特的贡献"。他对此事毫无预料。

福克纳在欧洲的影响和名气要远胜在美国，这也许是他获此奖的关键所在。让·保尔·萨特对考利说："在法国青年的心目中，福克纳是神。"并且，法国人曾谣传他会获得诺贝尔奖。1946年3月，福克纳作品的瑞典文译者托斯滕·荣松预言他会得诺贝尔奖。1949年秋宣布无人得文学奖时，关于福克纳获奖的传闻几近逼真。

1950年，这一时刻终于到来。福克纳的反应和《坟墓的闯入者》首映式前一样：这是莫大的光荣，他很感激，不过，他宁可留在家里。家人和朋友都劝他出席颁奖典礼，就连国务院特使都亲自出马，他依然不同意。埃斯特尔又生一计，让吉尔出面。吉尔想借机到欧洲游玩一番，便央求父亲带她同行，此计果然奏效。

福克纳同意了，但启程前几天又去酗酒，险些误了这次旅行。

最后成行时，他在途中说自己讨厌并恨透了"被人支来支去尽本分"，但他在别的场合又说过完全相反的话——他对美国驻瑞典大使说"我愿做该做的事"。

他虚弱、疲倦、害怕，需要家人、朋友甚至陌生人的帮助，这次也不例外。幸运的是，在关键时刻总有人愿意帮他：在纽约，有哈斯和克明斯两家；在瑞典，有美国驻瑞典大使沃尔顿·巴特沃思；有英国仆人杰弗里·巴顿和托斯滕的遗婿埃尔泽·荣松；吉尔也好几次帮助了父亲。

几年前处于个人生活和全球生活的黑暗时期中时，他曾写信给一个出征的男孩，说起过他也许能成为"民族的喉舌"；如今他获得诺贝尔奖，同时也获得了一个向青年说教的充当"民族喉舌"的机会。然而，此时他才知道自己并没有演讲的才能：他语速太快，声音轻而细，让人听起来很费劲。埃尔泽·荣松事后说："我们直到第二天才知道他说了些什么。"

但是，他倒觉得，有时沉默也很有力。站在领奖台上，他说出了郁积已久的顾虑和信仰。他的顾虑是：恐惧把人销蚀，恐惧是人最卑劣的感情；他的信仰是：只有当人心中的问题同人心产生矛盾时，才能写出好作品来，没有爱，没有荣誉、怜悯、自尊、同情和牺牲，写出来的东西必然是昙花一现、注定失败的。

很早之前，他便领悟到了这些顾虑和信仰对他写作所起的无可替代的作用，因为他总是挣扎于这些顾虑和信仰之间。他在40年代写的书信，特别是写给沃伦·贝克和马尔科姆·考利谈论创作的信和写给继子和侄子谈第二次世界大战的信，都是明证。

许多艺术家谨小慎微、不公开自己的信仰：有人害怕信仰使自己的艺术显得幼稚；有人害怕招来嘲笑，被人当作无知孩童或傻瓜一样取笑嘲弄。福克纳则不然，他素来不怕风险。在斯德哥尔摩的发言标志着承担新风险的决心。他在接受记者访问时还反过来嘲笑颁奖典礼，说："仪式长得像密西西比州的葬礼。"典礼完毕后，他携女前往巴黎，取道伦敦回纽约。

圣诞节时，他已回到家里。几年前，他还受尽冷落；现在，情形完全翻了个儿个，他成了媒体记者的新宠儿，牛津《鹰报》刊登整版消息欢迎他，朋友们围着他，询问他说的希望把3万元花得"无愧于奖金的原来目的和意义"是什么意思。

5. 俘获芳心

圣诞节过后，福克纳继续创作《寓言》和《修女安魂曲》，前者已经写作多年，可还是不知何时结束，后者的结局已在计划之内。然而，平静的写作生活还没有持续几天，他便开始魂不守舍——因心里想着琼·威廉斯而无法安心写作。以前，"写作、写作、只要写作"便能使他心安，如今什么也不能使他心安，他必须花极大力气才能勉强自己写作。于是，他便开始一反往常地寻欢。一连几个月他都怠慢写作，去不同的地方干这干那。

他在格林维尔小住几天之后，又去好莱坞几个星期。他去格林维尔为勒维出版社出版的《记偷马贼》书上签名，为了帮助本·沃森和霍丁·卡特；而在好莱坞，他为霍华德·霍克斯工作，根据威廉·贝内特的《上帝的左手》改编电影剧本，结果5星期赚了1.4万元——如今的福克纳，赚钱越来越多，也越来越容易，不再像当年一样借钱度日。可令他发愁的是，他还是不能安心写作。

3月份，他回到家想重新开始写作，可是拿起稿子却没有任何创作的冲动，而骑马、打猎、钓鱼、打球的娱乐项目哪个也吸引不了他，仿佛青年时期的痛苦和自我怀疑突然同成年时期的失望和怨恨交融在一起——成功来了，有名有利了，他反而觉得无所适从了。

幸好，此时他接到法国政府要授予他军团官佐勋章的消息。于是，不喜欢领奖场合的他决定趁机重游法国，看看名城凡尔登，也许能突破目前的境地。

旅途中，他照旧酗酒（一个青年朋友惊讶地数他一天灌下的马丁尼酒，竟有23杯之多），但一路平安。路经纽约时，他与路丝·福特相见——她在等待《修女安魂曲》。到达法国后，他首先寻访的是巴黎。他温情脉脉地缅怀起青年时期流浪巴黎的日子——那时候他沉迷写作，寻访文学巨匠的踪迹。这次来巴黎，他同加利马尔出版社的一位青年作家兼编辑莫尼克·萨洛蒙在巴黎街头散步，逗留一段时日，才启程去凡尔登。

回家途中，它又在纽约小住，会会琼·威廉斯。琼既愿意和他在一起，又害怕他的激情。福克纳清楚地知道，自己真正想要找回的是继续创作的激情，但不见到琼，他又没法写作。

回到牛津后，他不得不暂时忘掉琼，写了一篇在吉尔毕业典礼上用的讲话。

1951年5月28日，54岁的福克纳生平第一次出席毕业典礼。其间，他的演讲短小精悍，大部分内容和他在诺贝尔颁奖典礼上的讲话相差无几。

演讲完毕的几天，他重新提起笔，想把《修女安魂曲》一气写完。

福克纳写完《修女安魂曲》时，已"厌倦了笔和纸"，打算整个夏天去侍弄马和庄稼。结果却未能如他所愿。他又想让这部作品上演，所以几乎整个夏天都在修改；后来，他委托别人改编；最后，这部戏在十几个国家上演，包括德国（1956）、西班牙（1956）、法国（1956）、希腊（1957）、英国和美国。

法文本是由阿尔贝·加缪翻译的。该剧在法国上演时，法国人在这部程式化的悲剧中看到了一些法国戏剧中的熟悉因素，反应十分热烈；但该剧在美国纽约上演时，却反响平平，似乎没人能欣赏得了。这一结果未免让期待已久的琼·威廉斯与路丝·福特有些失望。

福克纳放下《修女安魂曲》，回到牛津，打算完成那部"大书"。他上午设法创作，下午种田、划船或骑马。但琼·威廉斯的倩影老是在眼前晃来晃去，搅得他心神不宁，玩也玩不痛快，写作更不可能。不久之后，连他自己也怀疑会不会写完已开始的书。

他写情书给琼说："我这么老了，不该想念一个23岁的女孩子，活到这把年纪，应该不害相思病了。但愿自己是在养精蓄锐准备重新开始。"他期望琼能接受他，但久久未得到回音。他不仅烦躁不安，而且不顾安危地去从事带有危险性的运动。结果1952年2月，他在骑马时从马背上摔了下来；3月，他又一次从马背上摔下来。其中，第二次受的腰伤久久不愈。

福克纳等得不耐烦，就于4月启程去欧洲散心。他先在斯德哥尔摩访问埃尔泽·荣松，后去巴黎访问莫尼克·萨洛蒙、她的丈夫和新生婴儿。他的散心之旅也充满痛苦，不仅是心理上的，更是身体上的：多次摔伤、腰痛难熬；狂喝威士忌，不仅使他更加虚弱乏力，还加深了原已日趋严重的失眠。尽管如此，他拒不接受教训，依然狂喝不止，有一次进巴黎医院，医生告诉他两节脊椎断裂，有明显的关节炎并发症，建议手术治疗。他拒绝开刀，而是前往奥斯陆接受物理治疗，疼痛暂时缓解。

福克纳向来厌恶、害怕医院，认为医院是监狱一样的地方，疼痛稍微缓解，他便启程回家，并在路过孟菲斯时探望了琼。回牛津后，他给她写信，告诉她如何看待两人的处境。他说，只要可以随时见到她，和她毫无顾忌地散步谈心，便已心满意足。"但是照现在这样，"他继续写道，"我永远得不到安宁，除非已开的头有个结果。"他当导师、父亲、求爱者已3年，但是他爱她，感到什么也替代不了她。

多年前，他描写过一个"苦于没有能力打动女人芳心"的男人，如今他觉得自己已经尝到如那个男人一样的痛苦。但是，琼终于被他所感动，在1952年夏天成为他的情人。岂知在随后的几个星期里，他们相处得并不愉快（主要是琼不愉快）。琼觉得上当了，于是便溜之大吉；他觉得被遗弃而悲痛欲绝。但是，他仍然写信劝她不要伤心，因为他忍受力很大，足以代两人受苦。他不能接受长久的追逐却换来快速的结束，于是写道："那也行，我不是一直告诉你，在有痛苦和一无所有之间，我宁愿要痛苦吗？"

6. 医院的常客

55岁的福克纳，体质已经大不如前，但喝酒一点都没减少，有时反而更多。酗酒之后，他便在医院里住上一段时间；恢复以后，又再度酗酒，有时喝得太厉害还犯抽筋。可是，他觉得酗酒是他的宿命——对他而言，酗酒一向是信号，也是救助。

福克纳的身体每况愈下，他自己也不得不开始担心了，觉得再不治疗将没有挽回的余地，因此愿意接受任何治疗，只求能恢复平衡。

1952年11月，福克纳去纽约接受一系列电休克治疗。据医生汇报说，每次休克后，他显得温柔、信赖，几乎像小孩子那样需要温馨和柔情。

12月回牛津后，他决心作最后冲刺完成《寓言》。可是，他的文思时有时无，即使有也极其短暂，即使写成文字也往往觉得不对头。几个星期之后，他又开始想念琼，加上那里还有朋友的帮助，也许能使他重新写作，于是便决定回纽约多住一些时日。

但是，在纽约，他还是住进了医院。

后来，福克纳又重新开始写作，时而写寓言，时而写短篇。其中，他写了一篇《重访周末》。对于这篇作品，他比较满意，感觉很好，只是想起那部大作品还没有完结，他就会从短暂的欢喜中走出来，变得忧心忡忡；加上自己身体健康状况日益恶化，他更觉时间有些紧迫。

有时候，他回想起自己过人的天赋，竟然自己佩服起自己来：1953年4月，他在写给琼·威廉斯的信中说："今天我第一次意识到自己曾经有过多么惊人的天赋：从哪一个角度来说，我都没受过正规教育，居然能写出那些作品来。"

4月，他赶回牛津，此时埃斯特尔出现大出血，险些丧命。

6月，他去了马萨诸塞州。此时，琼已经从派因梅纳学院毕业。福克纳想回牛津老家，那里离孟菲斯很近，他可以去看望琼，向她表述心迹。

埃斯特尔起先不能容忍他和琼的关系，现在终于接受这个事实，甚至主动邀请琼来住在山楸别业，企图以她的批准给这场婚外恋披上体面合作的外衣；同时，她自己也开始过独立的生活。

福克纳回到牛津，继续想投入创作，可还是总安不下心来。于是，他又想去孟菲斯与琼相聚，但是琼决定去墨西哥城——那里正好是吉尔想读大学的地方。这使他有些失望，决定暂时放下一切，全力以赴地完成《寓言》。

9月下旬，《寓言》几乎已完成初稿，只剩一章未写，这部10年前开始的工作总算接近了尾声。

正当福克纳努力振作、企图修改初稿之际，罗伯特·库格伦在《生活》杂志上发表一篇两次分载的文章：《福克纳的私生活》（1953年9月28日）和《神话背后的人》（1953年10月5日）。文章把福克纳描写成"短小精悍、铁灰色头发剪得很短"，"蓄小胡子，高高的鹰爪鼻，眼皮沉沉下垂，黑眼窝陷得很深，脸色苍老黝黑的人"，进而大写他爱抽烟斗、爱喝酒的美谈。库格伦报道说："福克纳不是酒鬼，说得精确些，是自苦而借酒浇愁的人。"

福克纳对这篇谈论自己私生活的文章，不太高兴，因为他觉得私生活不应该由他人插手。他离牛津去纽约，打算取道孟菲斯，约琼同行。现在他可以修改这本书了，决定取名为《寓言》。10月和11月，他继续修改和重写。

最终，这部于1944年12月在牛津开始的著作——《寓言》，于1953年11月完成于普林斯顿。

《寓言》的创作带给福克纳极大的痛苦，写完之后，他决定去欧洲散心。

此时，吉尔即将21岁，渴望离巢而去。他把《寓言》题赠给她，作为"成年的纪念"。此前，他已把《喧嚣与骚动》的手稿赠给心上的另一个人——琼·威廉斯，但是琼表现冷淡，使他知道做她情人的日子已经结束。

后来，福克纳又接受了新任务——和霍华德·霍克斯合作搞一部电影《法老之地》。

1953年11月30日，福克纳登上去往巴黎的飞机，随后开始了在欧洲的游历：先到巴黎，后去意大利斯特雷扎马乔利湖上，又去瑞士圣莫里茨——同霍克斯和哈里·库尼茨合作编剧。在这些城市里，他更喜欢斯特雷札——在圣莫里茨演员和游客太多。但是，他在哪里都不能工作，只是不安地逛来逛去。

后来，他又去斯德哥尔摩访问埃尔泽·荣松，去巴黎访问莫尼克和让·夏克·萨洛蒙夫，去英国肯特郡访查托温德斯公司的哈罗德·雷蒙德。

1954年1月，福克纳又去罗马，因为霍克斯和库尼茨在那里拍戏。他非常喜欢罗马，尤其是罗马的喷泉。

2月份，电影摄制组去往开罗，福克纳决定回巴黎。几天以后，霍克斯和库尼茨到机场接他时，简直不相信自己的眼睛：只见一辆救护车向飞机呼啸而去，福克纳被人用担架抬下。他在医院住了好几天，想重新回到创作中，但没有成功。

12月，他写信给琼·威廉斯，保证"我俩之间一切没变"。他说，他曾想做她的父亲，做一个"愿意永远把你的希望、梦想和幸福放在第一位的人"。最要紧的是要她千万别后悔两人曾经相爱。"有过这一番后，我好多了。有一天你也会有同感。"

但是，"一切都变了"的感觉死缠住他不放。次年2月，他写信给萨克斯·克明斯，信中详述了创作《寓言》的初衷和历经的磨难，并说"我爱这本书"。但是，他害怕花费在《寓言》上的时间和心血会白白浪费，到头来写出的是败笔。

3月，他得知琼已嫁给埃兹拉·鲍恩，对此感到失落不已。

几星期后，吉尔来信告诉他，她想同一个西点军校毕业的青年保尔·萨默斯结婚。

一连几个月，福克纳只要一到巴黎，就和琼见面，觉得生命中少不了她。可是，吉尔、琼和《寓言》已在他心中纠缠成一团解不开、取代不了的情结。"一切都完了"的感觉从四面八方向他逼来。《寓言》的写作让他尝尽了痛苦，这部作品持续时间太长了，甚至让他怀疑过自己是否会在这部作品中结束自己作家的生涯。

到巴黎后不久，他便重复在开罗时的表演：住几天医院，回旅馆静养等候康复。后来，他心慌意乱，决定回家。

7. 为政府奔命

为了使受伤的身体尽快得到恢复，福克纳在绿野农场开垦田地，以此来锻炼身体。没过多长时间，他就觉得耕地既没用处又没吸引力，于5月下旬便把牲畜卖掉，把农场出租。吉尔和埃斯特尔忙着准备订于8月举行的婚礼，他对婚礼的筹备没有什么兴趣，任凭母女二人全权做主，他只是大致估计了举办婚礼所需的花费。正在百无聊赖之际，他突然接到政府某部门的电话，给他安排了几项差事。他想，反正无事可做，正好借此机会消遣一番。

国务院工作人员穆纳·李问他是否愿意参加1954年8月6日至16日在巴西圣保罗举行的国际作家会议，改善美国和南美诸国的关系。福克纳曾经自认为没有资格做什么亲善大使，因为他性格羞怯、说话拘谨，又没有做政府工作的经验，忽而文雅得像个绅士，忽而又粗暴不堪，《生活》杂志说他是"自苦而借酒浇愁的人"至今还不到一年。不过，自从上次出席诺贝尔奖颁奖仪式之后，福克纳的外交技巧也得到了一定的锻炼。他向来希望能为国效劳，近年来特别敬佩安德烈·马尔罗既是小说家又是政治家的双重身份。所以，最终他还是接受了这一委派。

到达巴西之前，他在秘鲁作短暂停留，其间出席了一次记者招待会和酒会，面对记者关于他小说、赛马和艺术等问题的追问，他应付自如，回答得既有条理又从容不迫。不像以前在美国遇到故意刁难的记者时，时常大发脾气表现出一副粗暴之相。在从利马去圣保罗的途中，他突然喝起酒来，仿佛有意破坏这次使命。在医生和政府官员的帮助下，他才恢复了初上征途时的斗志。

在圣保罗时，他表现得非常出色：当一个女记者拆穿他的一次假话时，他干脆对她说："我从来不对记者讲真话。"把那人吓了一跳。在回答记者提问时，他从容自如，甚至可以说幽默风趣。比如：有记者问他对《寓言》的感受，他坦诚地说失望至极。

后来，又有人问到了种族问题，福克纳也坦率地阐述了自己的观点——这些观点对他以后的生活造成了巨大的影响。从圣保罗返回后，他就因此而麻烦不断。

对于种族问题，福克纳一直赞成取消种族隔离制度。特别是随着"黑人需要和渴求"公义的问题日益尖锐化，他开始采取更加公开的姿态。"大概就在这时,"他的弟弟约翰写道,"比尔开始大谈大写取消种族隔离,我们家其余的人都不赞成。"

所有家人都和他意见相左,发表声明说自己不同意取消种族隔离;牛津镇人简直恨他入骨,谩骂之声不绝于耳,骂他是"黑人的情人",并骚扰他,向他挑战。"比尔一开始谈论取消种族隔离,就半夜三更收到匿名电话,阴声怪气地咒诅他。邮件中充满了诬蔑的匿名信。我们也不同意比尔的观点,所以都说:'活该!他早该知道会有这样的结果。'"

家人和家乡父老的反应,让他非常吃惊,但他仍然坚定地认为自己所持的观点是正确的,正是因为戳到了大家的痛处才会招来一堆谩骂。当然,他也常常心烦意乱,因为他可能被迫迁离牛津,因为周围的"愚蠢、野蛮、不人道"可能导致大规模的灾难。

"在密西西比州的不幸和麻烦"日益严重之际,福克纳接受国务院的任务,周游世界。1955年7月29日,他踏上去日本的旅途。

在日本东京,他每到一处,记者和崇拜者便会蜂拥而至,问东问西。有时,他开玩笑自称是"老头子当六年级小学生"。此次旅行,他在东京停留了3周。

在外国,他总是阴晴不定,心情好的时候高谈阔论,对什么都有兴致;心情糟糕时,便又拿起酒瓶子喝个不停,需要别人帮助才得免于崩溃。

1955年8月下旬,他受命飞往马尼拉进行公事访问,同时探望维多利亚、比尔和维基·菲尔登。

然后,他又来到罗马。抵达罗马后不久,一个14岁男孩埃默特·蒂尔遭杀害并被剁成几块的消息传到欧洲。福克纳在一则短短的新闻报道中称，两个密西西比人杀戮"一个穷苦的黑人小孩"，只能说明他们的恐惧。

他慷慨激昂地表达自己对此事件的看法："如果说在美国，我们这没落的文化已到了非杀害儿童不可的地步，不论那儿童是什么肤色，我们都不配继续活下去，也许也活不下去。"

随后，他赶往巴黎，会见珍·斯坦，然后前往英国和冰岛——那是官方旅行的最后两站。

在旅途中，他突然接到母亲突患脑溢血的电报，于是急忙回到牛津，到后发现母亲已在康复，妻子加入了"隐姓埋名戒酒者协会"。

回到牛津后，他于12月重新写作斯诺普斯家的故事。尽管有事穿插打断，他仍然坚持写下去。两个多月的写作都出人意料地顺利。其后，他由于自己的种族言论而卷入事端，进而影响了创作。

在《致北方的一封信》、《论恐惧》和《南方在分娩中》等文章中，他表示一种力求改革而不要导致暴力的立场，可惜他的努力两面不讨好。

1957年1月，他去纽约会见琼，琼明确表示要和他分手。

失恋让他酗酒愈凶，结果在医院待了一个多星期。

出院后，他接到邀请去弗吉尼亚大学当驻校作家。抵达时已是2月，课都已经开始。在弗吉尼亚大学，除了公开演讲外，他还要求定时和学生见面，定时坐办公室。

同事们相处还算融洽，青年同事弗雷德里克·格文和约瑟夫·布洛特纳（特别是后者）对他十分友好，其他人大多数也对他不错，只有少数几个自命甚高的教授对他极为冷淡——对此，他一笑而过。在和学生相处时，他总是身穿格子花呢大衣、手持烟斗，一副教授派头。他上课不拘一格，经常不用课本，允许学生自由提问。因此，他经常遇到很多关于他的长篇和短篇的问题，并都一一回答。

如今的福克纳有舒适的生活，不愁吃穿，身拥荣誉，但时常收到民族主义者的恐吓电话和信件，因此夫妇俩经常住在夏洛茨维尔。在夏洛茨维尔住了一个月后，国务院又派他去希腊，在雅典出席季米特里·米拉特制片的《修女安魂曲》的首映式，并接受雅典学院的银质奖章，发表获奖演说。

1958年初，他再次去弗吉尼亚担任第二期驻校作家，并安排在春耕时回牛津，以免农场再度荒废。在弗吉尼亚大学任教期间，他很喜欢和学生们在一起，坐在办公室里看学生的习作也是他的一大乐趣。他很喜欢这份工作和这所大学，第二次也是最后一次担任驻校作家以后，他继续同这所大学保持联系。

后来，他于1959年任大学阿尔德曼图书馆的顾问；1960年任巴尔奇教席的美国文学讲师。夏洛茨维尔几乎成了他的第二故乡，和牛津一样。

不久，福克纳又不能安定工作了：他接到政府命令，于1959年去丹佛、1961年春去委内瑞拉执行任务。任务结束后，他大部分时间在牛津和夏洛茨维尔。他和埃斯特尔在夏洛茨维尔买下一座宽敞舒适的大宅邸，坐落在勒格比街上。与此同时，他重新爱上骑马。从他在1961年2月中所说的话中，我们可以知道他有多么喜爱这一运动："已有两年了，除了骑马猎狐狸外，什么都不做。"

8. 最后的人生

福克纳一生创作了19部长篇小说。1961年7月，他开始创作人生的最后一部小说。似乎人上了年纪特别喜欢回忆童年的时光，这部小说就是以他的童年为蓝本完成的，书名为《劫掠者》。1961年8月初，福克纳说他的新小说"进行得不错，几乎已完成三分之一"，相信它一定很风趣，所以才会写得如此顺利、如此快乐。

小说写毕，福克纳回夏洛茨维尔，准备和家人一起放松一下，"骑马、猎狐狸"。《劫掠者》的完成使他几乎恢复了以前的感觉，因为写作得心应手。他说："我会等待，等它成熟后顺势写去，不苦苦逼它。"他暂时放慢写作速度，整日以打猎为乐，一周出去四天。

将近年底时，福克纳又陷入一个身体非常难受的时期，屡次从马背摔下积累的伤疾（特别是腰部以下），使他稍不小心便痛楚难受。12月，他痛楚难当，于是拿起酒瓶喝个不停，缓解伤痛。

1961年12月底到1962年1月初，福克纳不时住进夏洛茨维尔和里奇蒙二地的医院。1月份，他第三次进医院，随后出院，休息了几天后，恢复了健康。

3月，福克纳似乎看到了人生的尽头，于是请一个技术很好的画家给自己画像。

5月，福克纳去纽约看琼；6月，又去孟菲斯看琼。其间，他好几次提起死的预兆。

不久以后，他又忘却了之前在医院的日子，开始骑马、喝酒和创作，完全忘却了之前说过的死亡的预兆。5月在纽约谈到过去时，马尔科姆·考利觉得他的语调"虽然说不上改变，但有新的弦外之音"。

最后一次经过夏洛茨维尔回牛津后，在6月的一天，他又去骑马打猎，几经伤痛的身体大不如前，又从马上摔下，伤势不轻，但仍爬起重蹬马鞍。他说："我一定要制服它。"后来又说："我不要死。"

7月4日，福克纳声称愿意去医院那被他比作火炉和监狱的地方。

7月5日，福克纳被送进拜黑利亚的赖特疗养院。

1962年7月6日清晨，福克纳死于心血管阻塞，他历经坎坷的一生就此画上了句号。非常巧合的是，这天正好是"老上校"的生日。

附 录

福克纳生平

1897年9月25日，威廉·福克纳生于美国南方密西西比州新奥尔巴尼，全名威廉·卡斯伯特·福克纳。他出身名门望族——福克纳的曾祖父威廉·克拉克·福克纳上校既是种植园主，也是军人、作家、政治家和经营铁路的企业家。他修的铁路是当地唯一的铁路。另外，他还著有几本小说和其他一些作品，文学在这个家庭中薪火相传。

然而，威廉·福克纳的父亲却被普遍认为是一个不肖子孙，他的工作换了一个又一个，却永远找不到自己的安身立命之地；相比于父亲，福克纳的母亲是一个意志坚定、自尊心强的人。屡屡失败的父亲与坚强自尊的母亲势不两立。童年的时候，母亲经常强迫福克纳在"软弱"和"坚强"中做出选择，让他从小就体验到深深的痛苦。

威廉·福克纳把自己看作是曾祖父的孩子，从儿童时代就模仿"老上校"的生活。他拒绝用父亲的名字卡斯伯特，而把家族巨人的名字威廉看成是自己真正的名字。9岁的时候，他就开始说："我要像曾祖爷爷那样当个作家。"这句话他一再重复，变成一句口头禅。

第一次世界大战爆发，统治西方近一个世纪的和平、繁荣和进步濒临末日。他梦想实现曾祖父那样的荣耀，决心当飞行员。他找到兵站，但被退了回来。人家嫌他身材矮小，体质羸弱。他接连遭受到情人、亲人和家乡征兵站的抛弃，无法在牛津再待下去了。

他踏上了去纽黑文的英国征兵站的征程。到那儿，他编造身份、伪造文件，作为英国人威廉·福克纳被接收了，受训当皇家空军飞行员。他眼看就要驾机参战了，战争却于1918年11月11日结束了。他于12月初回到牛津，既没有受伤，也没有奖励和表扬。

后来，福克纳不停地写作，不断有作品发表，却永远赚不到足够的钱。已经写出《喧嚣与骚动》《我弥留之际》《押沙龙，押沙龙》等小说的福克纳并没有得到相应的名声和金钱。福克纳渴望成功，但贫困和默默无闻的生活却长期磨炼着他。

1949年，福克纳凭借作品《我弥留之际》获得了诺贝尔文学奖，使他达到了人生荣誉的顶峰。

此后，他仍然不断创作，不断有新作问世，并为美国政府效过力。

1962年7月6日，福克纳死于牛津附近密西西比州另一小镇拜黑利亚的镇外一座小山上的疗养院里，那天刚好是密西西比州第一位福克纳家人、他的曾祖父——人称"老上校"的威廉·克拉克·福克纳的生日。

获奖辞

我感到这份奖励不是授予我个人，而是授予我的工作——一生用辛劳和汗水为人类精神所做的工作，不是为了名，更不是为了利，而是为了用人类精神的原材料创造一些原先不存在的东西。所以，这份奖励只是暂时给我保管。为这笔奖金发表一篇与它的本来目的和象征相符合的演说辞并不困难，但我更愿意在欢呼声中做另一件事情，把这个激动人心的时刻献给那些可能正在聆听我讲话的、同样献身于艰苦的文学事业的年轻男女们——在这些人当中肯定有人将来会站在我现在站着的地方。

我们今天的悲剧是一种肉体上的恐惧，它已经持续了那么久，以至于我们几乎都能忍受它了。现在已经没有任何关于灵魂的话题，有的只是一个问题："我什么时候会被炸得粉身碎骨？"

正因为如此，今天从事写作的年轻人已经忘记了关于人类内心深处的自我斗争的题材，只有这个题材才能写出好的文章，因为只有它是值得去写的，是值得付出辛劳和汗水的。人们必须重新回忆它，必须告诉自己，世界上最可悲的事情就是恐惧；并且告诉自己，永远忘记它，在自己的工作室里不给任何东西留下位置——除了那些古老的真理和心灵的真实。缺少了这些普遍的真理，任何故事都是短命的、注定要被忘记的——这些真理就是爱与荣誉、怜悯与自尊、同情与牺牲。

如果人们不注意这些真理，那他们的工作就是无用的。他们不是在写爱情而是在写情欲，在他们描写的失败中，没有任何人失去任何有价值的东西；在他们描写的胜利中，找不到希望，更糟糕的是找不到怜悯和同情。他们的悲剧没有建立在普遍的基础上，不能留下任何伤痕；他们不是在写心灵，而是在写器官。

在人们学到这些真理以前，他们在写作中会认为自己已经高高在上，并且看见了人类的末日。我拒绝接受关于人类末日的说法。当然，我们可以很轻易地认为人类是不朽的，因为他可以永远存在：当最后一块无用的礁石在血红色的、死气沉沉的黄昏中伫立，世界末日的钟声在它上空渐渐远去时，仍然会有一个声音，那是人类仍然在用微弱但永不停息的声音说话。我拒绝接受这种情景，我相信人类不会仅仅存在，他还将获得胜利。人类是不朽的，这不是因为万物当中仅有他拥有发言权，而是因为他有灵魂，有同情心，有牺牲和忍耐精神。

诗人、作家的责任就是书写这种精神。他们有权力升华人类的心灵，使人类回忆起过去曾经使他无比光荣的东西——勇气、荣誉、希望、自尊、同情、怜悯和牺牲，从而帮助人类生存下去。诗人的声音不应该仅仅成为人类历史的记录，更应该成为人类存在与胜利的支柱和栋梁。

获奖时代背景

由于角逐1949年诺贝尔文学奖的作家众多，仅此后陆续获得这一大奖的有名人物就有福克纳、海明威、斯坦贝克、帕斯捷尔纳克、肖洛霍夫、莫里亚克、加缪、丘吉尔、拉格奎斯特等人。评奖委员们决定在福克纳、丘吉尔和拉格奎斯特之间作一选择。投票的结果是福克纳虽然获得多数票，但最后未能获得全体通过，所以当年未予宣布。直到第二年，福克纳才和1950年的得主、英国哲学家罗素同时被宣布获奖。福克纳获奖的理由是"因为他对当代美国小说做出了强有力的和艺术上无与伦比的贡献"。

威廉·福克纳（William Faulkner, 1897—1962），一1897年9月25日生于密西西比州新奥尔巴尼一个没落庄园主的家庭。1926年，福克纳的第一部长篇小说《士兵的报酬》在老作家舍伍德·安德森的帮助下出版。

1929年出版的长篇小说《沙多里斯》即为这一世系的第一部作品，虽然它还仅仅是"站在门槛上"，但已透露出他日后的重要作品中将要运用的主调、题材、结构、风格与艺术手法。

福克纳一生共创作了十九部长篇小说和近百篇短篇小说，其中十五部长篇小说和绝大多数短篇小说叙述的都是约克纳帕塔法县和杰弗逊镇及其郊区的若干个家族的几代人的故事。

《喧嚣与骚动》是福克纳最重要的代表作，有"现代经典"之称。书名出自莎士比亚悲剧《麦克白》中麦克白的一段著名台词："人生如痴人说梦，充满着喧哗与骚动，却没有任何意义"。

《喧嚣与骚动》所以被誉为"现代经典"，还在于这部作品在艺术手法上有许多创新。作者通过意识流的手法，通过梦魇、幻想、潜意识，着重描绘和刻画了人物的内心世界和内心活动，用多角度的叙述方法使作品变得色彩斑斓，大大增强了层次感和真实感。他所采用的时序颠倒手法突出了过去的历史和现在的世界的因果关系。

福克纳的另一部重要作品《我弥留之际》的故事并不复杂，它叙述农民艾迪·本德仑为了完成妻子弥留时要求把尸体运回娘家坟地安葬的遗愿，率领全家开始了送葬的历程。

福克纳也是中短篇小说艺术的巨匠，如《殉葬》、《夕阳》、《早晨的胜利》以及系列小说中的《熊》、《古老的民族》和《大黑傻子》等，都是现代小说中最精美的中短篇佳作。

他获得诺贝尔文学奖后，又相继获得美国的全国图书奖（1951）和普利策奖（1955、1963），并多次受国务院委派前往日本、瑞典等国从事文化交流工作。

福克纳年表

1897年9月25日，威廉·卡斯伯特·福克纳出生。

1905年，威廉·福克纳上小学一年级。

1909年，威廉·福克纳开始逃学，在校表现不良。

1914年，由于不愿上学，威廉·福克纳终于退学；同菲尔·斯通的长期友谊开始。

1915年，重上十一年级，重又退学。

1916年，在祖父的银行里工作一阵，对密西西比大学的学生活动感兴趣。

1917年，第一次有作品（一幅画）发表在《老密西》年鉴上。

1918年，威廉·福克纳要求服役参战遭拒，去康涅狄格川纽黑文，住在菲尔·斯通那里，在温彻斯特连发武器公司工作；6月，将姓氏拼写从原来的Falkner改成Faulkner，参加英国皇家空军；在加拿大受训期间，第一次世界大战结束；12月返回牛津。

1919年2月8日，福克纳作诗，成为日后的名篇《大理石牧神》；8月6日，诗作《牧神午后》发表在《新共和报》上；入学密西西比大学，有诗与画发表于学生刊物。

1920年，威廉·福克纳退学；为密西西比大学学生剧团创作《木偶》。

1921年春，埃斯特尔归宁，福克纳作《春日憧憬》；秋，去纽约，在书店工作；12月，返牛津，任密西西比大学邮政所收发员。

1922年，任邮政所收发员和童子军领队；为大学刊物写作；6月，《两面派》发表福克纳的诗作《肖像》。

1924年，福克纳被解除童子军领队职务，并辞去邮政收发员之职；12月5日，四海公司出版《大理石牧神》。

1925年，福克纳去新奥尔良，为《两面派》和新奥尔良的《时代小报》撰稿；结交画家与作家；创作《军饷》；爱上海伦·贝尔德；7月7日，乘船去欧洲，游意大利、瑞士、法国和英国，在巴黎创作《埃尔默》；12月，返牛津。

1926年2月25日，《军饷》出版；福克纳往返于牛津、新奥尔良和帕斯卡古拉三地，追求海伦·贝尔德；创作《蚊群》，参与《舍伍德·安德森和其他克里奥尔名人》的创作。

1927年4月30日，《蚊群》出版；写《亚伯拉罕神父》和《坟墓里的旗帜》，后集中写《旗帜》；11月，遭霍拉斯·利弗赖特退稿。

1928年，在牛津创作《喧嚣与骚动》，在纽约进行修订。

1929年1月31日，《萨托里斯》（《坟墓里的旗帜》的节本）出版；5月，完成《圣殿》；6月20日，同埃斯特尔结婚；10月7日，《喧嚣与骚动》出版；10月19日，开始写《我弥留之际》。

1930年1月12日，完成《我弥留之际》的修订打字稿；几家大杂志开始发表他的短篇；购置一所南北战争前建造的房子，起名"山楸别业"；10月6日，《我弥留之际》出版；修改《圣殿》。

1931年1月，女儿阿拉巴玛·福克纳出生；2月，《圣殿》出版；创作《八月之光》；9月21日，《这13篇》短篇故事集出版；10

月,参加弗吉尼亚夏洛茨维尔的作家会议,随后去纽约7周。

1932年2月,《八月之光》脱稿;5月,第一次去好莱坞编剧;8月7日,父默里·福克纳去世;10月,重返好莱坞;《八月之光》出版。

1933年2月,学开飞机;4月20日,诗集《绿枝》出版;6月24日,女儿吉尔·福克纳出生;购私人飞机。

174

1934年,开始创作日后成为《押沙龙,押沙龙!》的小说;写短篇,日后成为《未被征服者》的短篇小说集;4月16日,《马丁诺医生》短篇小说集出版;7月,福克纳去好莱坞数周后回牛津,创作《标塔》。

1935年,创作《押沙龙,押沙龙!》;3月25日,《标塔》出版;12月,去好莱坞数周。

1936年,《押沙龙,押沙龙!》脱稿;2—5月,在好莱坞工作;6月,返牛津;7月下旬,携埃斯特尔、吉尔同赴好莱坞,计划住一年;10月26日,《押沙龙,押沙龙!》出版。

1937年5月,埃斯特尔和吉尔返牛津;8月末,福克纳返牛津;10月,去纽约,重会梅塔。

1938年2月15日,《未被征服者》出版;购绿野农场;写《野棕榈》,并开始斯诺普斯世家三部曲。

1939年1月19日,《野棕榈》出版;当选为全国文学艺术研究院院士。

1940年4月1日,《村子》出版;福克纳开始创作日后成为《去吧,摩西》的短篇。

1941年,创作《去吧,摩西》。

1942年5月11日，《去吧，摩西》出版；7月末，同好莱坞5个月的合同开始。

1943年1月16日，重回好莱坞7个月；10月，开始日后成为《寓言》的小说。

1944年2月，重返好莱坞，准备多住一阵；5月，开始与马尔科姆·考利通信；12月，福克纳返牛津。

1945年，继续创作《寓言》；7—9月，在好莱坞工作。

1946年3月，在罗伯特·哈斯和哈罗德·奥伯帮助下同华纳兄弟影片公司解约；4月29日，《袖珍本福克纳选集》出版。

1947年10月，日后作为《寓言》一部分的《记偷马贼》遭《党派评论》杂志退稿。

1948年，搁下《寓言》，写《坟墓的闯入者》；9月27日，《坟墓的闯入者》出版；1月23日，当选为美国文学艺术研究院院士。

1949年11月27日，《让马》出版。

1950年1月，开始与琼·威廉斯合作写《修女安魂曲》；8月2日，《短篇小说选》出版；11月10日，获诺贝尔奖（1949年的文学奖）；12月，携女前往斯德哥尔摩。

1951年2月，《记偷马贼》发表；去好莱坞5周；4月中旬，前往欧洲；9月27日，《修女安魂曲》出版。

1952年，往返于牛津与纽约之间；5月，赴欧洲；11月，反复接受电休克治疗。

1953年，继续往返于牛津与纽约之间；11月，《寓言》脱稿，题赠给女儿；去欧洲。

1954年，在欧洲逗留数月，与霍华德·霍克斯合作；4月，返牛津；8月2日，《寓言》出版；8月6日—16日，第一次接受国务院任命出访；9月，去纽约会珍·斯坦。

1955年，日益卷入反对种族歧视的矛盾；7月29日，奉国务院命令出访日本、欧洲和冰岛；10月14日，《大森林》出版。

1956年，往返于纽约与牛津之间。创作《小镇》，撰文反对种族歧视。

1957年，任夏洛茨维尔弗吉尼亚大学驻校作家。奉国务院命出访希腊。5月1日，《小镇》出版。

1958年1月，再度受聘为弗吉尼亚大学驻校作家。往返于牛津与夏洛茨维尔之间。创作《大宅》。

1959年，在夏洛茨维尔置宅。参加联合国教科文组织在丹佛召开的会议。11月13日《大宅》出版。

1960年10月16日，母莫德·巴特勒·福克纳去世。12月，立遗嘱，将手稿捐赠威廉·福克纳基金会。

1961年4月，奉国务院命出访委内瑞拉。夏，创作《劫掠者》。

1962年6月4日，《劫掠者》出版。7月5日，住进密西西比州拜黑利亚的赖特疗养院；7月6日，因病去世。

获奖当年世界大事记

（1949年）

1月10日，淮海战役胜利。

1月25日，在第一次以色列选举中，大卫·本－古理安（David Ben-Gurion）当选总理。

1月31日，北平和平解放。

2月3日，中国人民解放军在北平举行了盛大入城式。

2月4日，以色列议会第一次召开。

3月17日，中共七届二中全会提出党的工作重心由乡村移到城市。

3月23日，中共中央迁入北平。

4月1日，纽芬兰加入加拿大。

4月4日，北大西洋公约组织在比利时布鲁塞尔成立。

4月23日，太原解放。

5月3日，杭州解放。

5月6日，司徒雷登与中共进行第一次会晤。

5月10日，德国被分裂为东德和西德两部分。

5月11日，以色列加入联合国。

5月11日，暹罗更名为泰国。

5月12日，苏联停止对西柏林的封锁。

5月16日，武汉解放。

5月20日，西安解放。

5月21日，中共与英方就"紫石英"号事件交涉。

5月22日，南昌解放。

5月23日，联邦德国成立。

5月27日，上海解放。

6月10日，上海军管会查封上海证券交易所。

6月15日，新政治协商会议在北京召开，筹备建立中华人民共和国。

6月29日，南非开始实行种族隔离计划。

7月16日，国民党军队开始从大陆退守至台湾。

8月5日，长沙解放。

8月8日，美国发表美国对华政策白皮书；不丹独立。

8月12日，关于保护战争受难者的日内瓦公约签署。

8月17日，福州解放。

8月26日，兰州解放。

8月29日，苏联测试第一颗原子弹。

9月5日，西宁解放。

9月19日，归绥（呼和浩特）解放。

9月23日，苏联试爆第一颗原子弹成功，成为世界上第二个拥有核武器的国家；银川解放。

9月25日，迪化（乌鲁木齐）解放。

9月27日，北平更名为北京。

9月29日，中国人民政治协商会议第一届全体会议召开，通过了中华人民共和国国旗的设计。

10月1日，中华人民共和国成立。

10月3日，中华人民共和国与苏联建交。

10月6日，中华人民共和国与朝鲜建交。

10月7日，民主德国成立。

10月14日，中国人民解放军解放广州，国民党政府再迁重庆。

10月25日，金门战役爆发。

11月3日，中国人民解放军进攻登步岛，爆发登步岛战役。

11月14日，贵阳解放。

11月22日，桂林解放。

11月27日，国民党特务在重庆对被关在渣滓洞和白公馆的共产党员进行了惨无人道的大屠杀。

11月30日，重庆解放。

12月1日，喀什解放。

12月4日，南宁解放；李宗仁由香港赴美国。

12月6日，毛泽东首次出访苏联。

12月7日，蒋介石政府宣布，国民政府迁都台北。

12月9日，昆明解放。

12月17日，缅甸承认中华人民共和国。

12月27日，荷兰承认印度尼西亚的独立。

12月27日，成都解放。

12月30日，印度承认中华人民共和国。